나를 위해 살기로 했다

나를 위해 살기로 했다

초판 1쇄 인쇄 2019년 9월 17일
초판 1쇄 발행 2019년 9월 23일

지은이	유창선
펴낸이	문채원
편집	오효순
디자인	이창욱
마케팅	이은미

펴낸곳	도서출판 사우
출판등록	2014-000017호
주소	서울시 양천구 목동동로 50, 1223-508
전화	02-2642-6420
팩스	0504-156-6085
전자우편	sawoopub@gmail.com

ISBN 979-11-87332-41-1 03190

이 도서의 국립중앙도서관 출판예정도서목록(CIP)은 서지정보유통지원시스템 홈페이지
(http://seoji.nl.go.kr)와 국가자료종합목록 구축시스템(http://kolis-net.nl.go.kr)에서 이용
하실 수 있습니다. (CIP제어번호 : CIP2019034122)

나를 위해

살기로 했다

유창선 지음

사우

"인간은 장애와 맞서 겨룰 때

스스로를 발견한다."

-생텍쥐페리, 『인간의 대지』

그 누구도 아닌 나를 위한 삶

인생은 계획한 대로 살아지지 않는다. 예고 없이 찾아온 인생의 사건들은 때로는 우리 삶을 밑바닥부터 뒤흔들어 놓는다. 올해 초 나는 뇌종양 진단이라는 예상하지 못했던 상황을 맞았다. 시간을 끌면 돌연사 위험이 크다는 진단에 따라 하던 방송과 강의를 다 그만두고 수술을 받으러 병원에 입원했다. 그 뒤 수술과 후유증, 합병증을 겪으면서 죽을 고비를 넘겼다. 다행히도 목숨을 건졌지만 짧지 않은 기간 동안 병상에서 투병생활을 해야 했고 후유증에 시달려야 했다.

　뇌를 열고 행해진 수술의 후유증은 간단하지 않았다. 뇌신경을 건드린다는 것은 온몸에 폭탄이 투하된 것과 다를 바 없었다. 겨울에 집을 나와 병원에 입원했는데 아직 집에 돌아가지 못한 채 병원에서 재활을 계속하고 있다.

겪어야 깨닫는 것이 인간인가. 때로는 삶과 죽음의 기로에서, 때로는 수술 이후의 여러 후유증에 시달리며, 순간순간 나는 지난 삶을 돌아보고 앞으로의 삶을 생각했다. 그동안 살아오면서 '나는 지금 어디에 서 있는가'라는 질문을 잊지 않았다. 병상에서는 '나는 왜 악착같이 살려 하고 있는가. 나에게 산다는 것은 어떤 의미인가'라는 질문을 자주 떠올렸다.

생텍쥐페리의 『인간의 대지』에서 비행기 조종사 기요메는 눈 덮인 안데스 산맥에 불시착하여 처절한 사투를 벌이다가 구조된다. 생텍쥐페리는 기요메가 들려준 이야기를 전해준다.

"내가 살아 있다고 믿는다면, 아내는 내가 걷고 있으리라 생각하겠지. 동료들도 내가 걷고 있으리라 믿을 거야. 그들 모두 날 믿고 있어. 만일 내가 걷지 않는다면, 난 개 같은 놈이 되는 거야."

기요메는 절망 속에서 삶을 포기할 수도 있었지만, 자신을 믿고 기다리는 사람들을 위해 악착같이 걸었다. 그것은 타인들에 대한 사랑과 책임 위에서 인간의 존엄을 지켜낸 위대한 모습으로 기억되었다.

나도 뇌종양 수술을 받으며 어떻게든 살아남고자 했다. 내 몸을 망가뜨린 후유증을 견뎌내며 다시 일어서고자 했다. 내가 다시 일어나 집으로 돌아오기를 간절히 기다리는 가족들이 있었기에, 그리고 그들을 사랑했기에, 나는 평온한 마음으로 병마를 견뎌냈고 긴 재활생활을 계속하고 있다. 생텍쥐페리와 동료들이 그랬듯이, 인간으로서의 존엄을 지킬 수 있는 힘은 사랑으로부터 나왔다. 토마스 만이 『마의 산』에서 "이성이 아니라, 사랑만이 죽음보다 강한 것"이라고 했던 이유도, 인간이 삶의 진정한 가치를 깨달았을 때 절망에서 벗어날 수 있음을 말해주는 것이었다. 나는 그렇게 아픔과 고통의 터널 속에서 삶의 가치를 깨달 았고 이제 터널 밖으로 나와 두 번째 삶을 꿈꾸고 있 다. 앞으로의 삶은 나에게 무척 소중한 것일 수밖에 없다.

인간은 느닷없이 닥쳐오는 시련을 피할 수가 없 다. 그 시련은 많은 것을 빼앗아 간다. 하지만 시련 속 에서 잃는 것만 있는 것은 아니다. 시련을 대하는 태 도에 따라서는 얻는 것 또한 많은 것이 인간의 삶이 다. 살아 있다는 것의 소중함을 깨달은 나는, 남은 삶 은 그 누구도 아닌 내가 원하는 삶, 페르소나를 벗고 내 얼굴 그대로의 삶을 살기로 했다. 그래서 이제는 큰 삶이 아니라 작은 삶, 무거운 삶이 아니라 가볍고 소소한 삶을 살고 싶다. 불행을 이겨내는 것도, 행복을 만들어내는 것도 내 영혼에 달려 있다고 나는 믿는다. 나는 내 인생에서 가장 처절하고 힘들었던, 하지만 최선을 다했기에 아름다웠던 이 시간을 결코 잊지 않을 것이다. 고통은 분명 괴롭고 힘든 것이지만, 고통 위에서 피어나는 꽃은 아름답다.

내가 아프니까 아픈 사람들이 보인다고, 이 세상에는 아픈 사람들이 참 많다. 나야 그래도 목숨을 건졌고 재활을 통해 몸도 차츰 좋아지고 있지만, 병으로 고통 받으며 절망하고 있는 사람들이 많다. 그것을 안다면 내가 겪은, 어쩌면 대단치 않은 얘기를 투병기라고 책으로 내는 것은 우스운 일이다. 그래서 이 책은 개인의 아픈 얘기를 다룬 투병기는 아니다. 갑작스럽게 큰 병을 치르게 된 한 인간이, 자신의 사랑과 존엄을 지키기 위해 무엇을 생각했고 꿈꾸고 있는가를 기록한 것이다. 내가 여기에 쓴 글을 일기장에 보관하지 않고 책으로까지 내는 것은, 내 생각이 어떻게 살 것인가를 고민하는 이웃들의 삶과 맞닿아 있다고 생각했기 때문이다. 자신의 부족함을 겸손하게 돌아보며 삶의 완성을 위해 노력하는 사람의 모습은 언제나 아름답다.

병상 침대 위에서 틈틈이 노트북을 열고 책을 써내려 갔다. 함께 공감하고 서로가 마음을 나누고 이어질 수 있는 책이 되기를 소망한다. 힘든 시간을 함께 견디면서 삶의 동지가 된 아내 경숙에게 고마운 마음을 책으로 전한다. 생명을 구하느라 불철주야 애쓰고 있는 의료인들의 모습을 직접 겪고 보았다. 그 분들에게 존경의 마음을 전하고 싶다. 아울러 병상에서 책을

내겠다는 무모한 제안을 흔쾌히 받아주신 사우출판
사 문채원 대표께도 감사 드린다. 반드시 건강을 완전
히 회복하여 그동안 격려와 응원을 보내준 모든 분들
께 보답하도록 하겠다.

어느덧 가을,
2019년 재활병원 병실에서 유 창 선

1부

병과 고통 사이에서 만난 생의 기쁨

"뇌 속에 종양이 있습니다"

지난해 가을부터 몸 여기저기가 좋지 않았다. 자주 뒷골이 쑤시고 왼쪽 손이 저렸다. 걸을 때 어지러워 몸의 중심이 제대로 잡히지 않는 일이 점점 잦아졌다. 오래 전부터 직업병인 목디스크를 달고 살아온지라 평소 그랬듯이 동네 한의원에 가서 몇 차례 침을 맞았다. 하지만 전과는 달리 침을 맞아도 나아지기는커녕 더 불편했다. 그래서 종합병원의 재활의학과로 갔더니 몸이 평형을 잡지 못한다며, 원인은 여러 가지일 수 있는데 일단 목 MRI를 찍어보자고 했다.

그런데 그 병원에서 MRI 검사를 하려면 두 달을 대기해야 했다. 지나고 나서야 든 생각인데, 만약 병원 일정대로 그냥 두 달을 보내며 검사 날짜를 기다렸다면, 그랬는데 목은 어지러움증의 원인이 아니니 뇌 검사를 해보자는 식으로 시간을 보냈다면, 그러는 사이에 아마 어디선가 쓰러져서 죽었을지도 모른다.

나중에야 알았지만, 내가 한의원과 재활의학과에 가서 말했던 증상들, 즉 어지러움증, 걸을 때 한쪽으로 치우침, 왼손의 저림, 두통 등은 뇌종양의 전형적인 증상이었다. 의사 선생들이 자기 분야 아닌 다른 증상에 대해 조금만 더 상식적인 조언을 해주었다면 하는 아쉬움이 들었다. 공연히 엉뚱한 치료와 검사만 받다가 시간을 끌고 위험한 상황을 맞을 수 있었던 것이다. 요즘은 검색만 하면 각종 증상에 대한 정보가 나오니, 아픈 곳이 있으면 이것저것 조사도 해보고 정확한 진단을 해줄 수 있는 병원을 찾아가는 노력이 필요하다.

다행히도 나는 뒤늦게나마 독자적으로 판단하고 움직였다. 큰 병원의 검사를 기다리며 시간을 보낼 것이 아니라 빨리 증상의 원인을 찾아내기 위해 1차 의료기관에서 MRI 검사를 받으려 했다. 그런데 내 증상을 전해 들은 아내의 친구가 의사인 남편에게 얘기했더니 걸을 때 평형을 잃는다면 뇌에 문제가 있을 것이라며 빨리 뇌 MRI를 찍어보라고 했단다. 그 말을 듣고 나서는 시간을 허비하지 않고 필요한 검사를 받았다.

한 병원에 가서 어지러움증과 관련된 몇 가지 검사를 한 뒤 뇌종양 얘기를 듣게 되었다. "뇌 속에 종양이 있습니다. 큰 병원으로 가서 정밀 검사를 하시죠." 의사 선생은 뇌를 찍은 사진을 걸어놓고는 내 뇌 속에 있는 종양을 가리키며 보여주었다. "사이즈가 작은 편은 아닙니다. 아무튼 빨리 큰 병원에 가서 다시 검사를 받아보세요. 여기서 조영제를 넣고 더 정확한 검사를 할 수도 있지만, 어차피 큰 병원 가면 다시 검사를 하자고 할 테니 바로 가보세요."

하지만 이때만 해도 뇌에 종양이 있다는 것이 얼마나 심각한 일인가를 나는 깨닫지 못했다. 내 머리 속에서는 뇌종양보다는 그날 저녁 광주에서 있을 방송이 더 걱정이었다. 병원에서 지체된 시간이 길어 열차 시간을 맞추려면 서둘러야 했다. 광주 KBS에서 예정된 방송은 생방송 토론이었으니 펑크를 낼 수 없었다. 나는 머리 속에 종양이 있다는 진단에도 불구하고 그날 저녁 광주행 SRT를 탔다. 그 무렵에 늘 그랬듯이, 오가는 내내 무척 힘들고 피곤했다. 그날 방송은 어떻게 했는지, 방송이 끝나고 안도의 한숨을 내쉴 정도였다. 졸지에 뇌종양 환자가 되었지만, 여느 때와 다름없이 밤 12시에 심야 고속버스를 타고 새벽에야 집에 도착했다. 지나고서야 알게 된 사실이지만, 이미 뇌압과 뇌부종이 심각한 상태여서 먼 길을 오가다가 쓰러졌어도 조금도 이상한 일이 아니었을 상황이었다.

그날 나는 방송 때문에 정신이 없었고, 대신 얘기를 전해 들은 아내가 서둘러 병원 예약을 해서 며칠 뒤에 대학병원에 갈 수 있었다. 나를 진료한 교수는 종양의 위치가 뇌신경 12개가 지나가는 연수(숨골) 부분이라서 손을 대기가 매우 어렵다는 1차 잠정 소견을 말해주었다. 수술을 하지 않으면 돌연사한다는 얘기도 해주었다. 하지만 정확한 것은 조영제를 넣고 MRI 정밀 촬영을 해야 알 수 있다며 말을 아꼈다.

나와 아내는 위험한 수술이라 죽을 수도 있고, 목숨은 건져도 심각한 후유증이 남을 수 있다는 의미로 받아들였다. 뇌종양 환자들의 온라인 카페에 가입해 회원들이 올린 글을 살펴보았다. 괴롭고 처참한 사연들이었다. 비로소 뇌종양이 얼마나 무섭고 치명적인 병인가를 알게 되었다. 그렇게도 건강을 자신했던 사람이 순식간에 이런 상황을 맞게 되니, 꿈을 꾸고 있는 게 아닌가 싶었다.

수술하기 어려운 곳이라는 첫 진단을 받고, 사흘 뒤에 그 진단이 바뀌기까지 마음속에서 죽음을 마주했다. 평소 인문학 강의를 할 때면 죽음을 두려워하지 말라던 에피쿠로스의 말을 인용하곤 했다.

"죽음은 여러 가지 재액 가운데서도 가장 두려운 것으로 되어 있는데 사실 우리에게 있어서는 아무것도 아닌 것이다. 왜냐하면 현실로 우리가 살아서 존재하고 있을 때에는 죽음은 우리가 있는 곳에는 없고, 죽음이 실제로 우리에게 닥쳐왔을 때에는 우리는 이미 존재하지 않기 때문이다. 따라서 죽음은 살아 있는 사람들에게 있어서나, 또 죽어버린 사람들에게 있어서나 아무것도 아닌 것이다."

하지만 미처 준비되지 못한 죽음에 대한 두려움이 나를 감쌌다. 벌써 떠나기에는 아직 하고 싶은 것이 많았다. 내가 설계한 인생 후반기는 그런 것이 아니었다. 그날 밤 꿈에 내 빈소가 나타났다. 세상을 떠난 나를 조문하기 위해 사람들이 와 있었다. 그러니 나는 이미 한 번 죽었었다. 이제 수술을 받고 살아 있으니, 지금 두 번째 삶을 살고 있는 것이다.

수술을 기다리는, 평온한 일상

수술하기 무척 어려운 곳에 종양이 있다는 말을 듣고는 마음고생을 하다가 사흘 뒤부터 다시 병원을 찾아다녔다. 이번에는 조영제를 넣고 정밀 촬영을 한 MRI 영상이 있었다. 포털 뇌종양 카페에서 얻은 정보 가운데 하나는 의사마다 판단이 다를 수 있으니 확진 단계부터 여러 선생을 만나보고 수술 결정을 하라는 것이었다. 특히 뇌수술의 결과는 집도의 실력에 의해 좌우

되니 잘 선택해야 한다는 것도 불문율이었다.

각기 다른 병원의 세 명의 선생을 만났다. 다행히도 세 사람 모두 수술이 가능하다고 말했다. 다만 종양이 워낙 위험한 곳에 있어서 후유증에 따른 재활을 해야 할 것이라고 공통적으로 말해주었다. 손도 써보지 못하고 죽는 게 아닌지 걱정했던 나와 아내는 후유증이나 재활이라는 말보다는 "수술이 가능하고 종양을 제거할 수 있다"는 말부터 귀에 들어왔다.

그렇다 해도 뇌를 열고 두개골을 절개하고 들어가 소뇌와 연수 사이에 있는 종양을 제거해야 하는 대단히 위험한 수술이었다. 그 위치는 인간의 신체에서 생명과 관련된 중추신경이 지나고 있는 곳이다. 수술 과정에서 신경을 건드려 손상을 입히는 정도에 따라 후유증이나 장애가 남게 되는 것이다. 연수 같은 곳은 생명과 관계되는지라 잘못 건드리면 사망하게 된다고 한다. 그러니 수술 이후 몸이 어떤 상태가 될지 알 수 없는 수술이었다. 하지만 우리는 일단 살아남을 수 있다는 사실에 안도했다. 아내와 두 딸은 아빠가 세상에서 사라지지 않을 것에 마음을 놓으며, 설혹 반신불수의 몸이 된다 해도 볼 수도 없고 만질 수도 없는 상황보다는 훨씬 낫다고 했다.

"세상에 있는 것과 없는 것은 하늘과 땅만큼의 차이야."

가족들은 내게 그렇게 말했다. 아마 뇌종양 수술을 한다는데 안도하는 가족은 우리밖에 없을 것이다.

그리하여 처음 갔던 대학병원에서 수술을 받기로 했다. 수술 날짜는 2주일 후로 잡혔다. 2주일 동안 수술에 대비해 체력을 비축하기 위해 잘 먹고 잘 잤다. 흔히 큰 수술을 앞둔 사람은 체력을 키워놔야 한다고들 하는데, 실제로 이후의 투병 과정에서 그래도 버틸 체력이 있다는 것을 다행스러워했다. 수술 후 폐렴으로 인한 호흡곤란 증상에 버티는 힘도 결국 체력으로부터 나오는 것이었다. 체력이 있어야 회복이 빠르다.

수술을 기다리는 동안 길에서 쓰러질까 봐 어디 나가 다니지도 못하고 주로 집 안에서 시간을 보냈다. 마음은 무척 평온했다. 마치 폭풍 전야의 고요함이라고 할까. 준비되지 않은 죽음만 맞지 않는다면, 수술로 설혹 어떤 신체적 불편함이 남는다 해도 감수하겠다고 이미 마음먹었기에 나는 아무런 동요 없이 담담하게 생활했다. 아내도 그런 내 모습에 안도했는지 전과 다름없이 일상생활을 해나갔다. 속은 어떠했는지 모르겠지만.

체력 비축을 위해 아내와 함께 이곳저곳 맛집을 찾아가 열심히 먹었고 함께 산책을 했다. 산책을 할 때면 몸의 중심을 잘 못 잡아 보행 시 평형을 잃는 증상 때문에 아내가 손을 잡아주곤 했다. 그렇게 탄천도 걷고 율동공원도 걸었다. 하루는 모란시장에 장이 서는 날이라 아내와 함께 구경을 나갔다. 아내는 무척 싸다고 반색하며 표고버섯과 콩나물을 한 봉지씩 샀다. 나는 호떡을 사 먹었는데 무척 맛있었다. 딸아이

갖다주려고 호떡을 더 샀다. 장터에 먹고 싶은 음식이 많아, 수술 받고 다 나으면 함께 다시 와서 이것저것 먹기로 했다. 나에게는 '약속'이었던 셈인데, 아직까지는 그 약속을 지키지 못하고 있다. 아직 재활병원에서 재활을 하고 있기 때문이기도 하지만, 아무것도 삼킬 수 없는 삼킴 곤란이 생겨 이 장애가 낫기 전에는 퇴원을 해도 먹으러 갈 수가 없다. 퇴원하고 먹을 수 있게 되면 모란시장 장 서는 날에 꼭 찾아갈 것이다.

모란시장에서 나와서 차를 타고 의왕 백운호수 주변에 있는 한적한 카페를 찾아 들어갔다. 나는 노트북을 열고 넘겨줄 원고를 정리했고 아내는 휴대폰으로 뉴스를 들여다봤다. 그렇게 우리의 일상은 변함없이 지켜지고 있었다. 큰 수술을 앞두고 삶의 고즈넉함을 느끼고 있었다면 모순된 것일까. 몸과 함께 마음도 살아남는다면 어떤 결과가 있어도 행복한 일상은 지켜질 것만 같았다. 그래서 마음이 무척이나 편했고, 그런 나 자신이 한편으로는 놀랍기도 했다.

수술을 며칠 앞두고 마지막 방송 출연도 했다. 대전 KBS에서 토론 프로그램에 출연해달라는 섭외가 왔다. 이미 고정 출연하던 종편 프로그램에서도 수술 때문에 자진 하차한 마당이라 못 간다고 답을 하려 했는데, 아내가 데려다 줄 테니 가고 싶으면 가보라고 하길래, 고민 끝에 가겠다고 답을 했다. 방송 시간 50분 정도면 크게 무리는 아닐 것 같고, 정신은 멀쩡하니까 무료하게 지내는 것보다는 그게 정신 건강에도 좋을 것 같았다. 방송이 끝나고 다음 주에 뇌종양 수술을 한다고 작가한테만 얘기를 했더니, 전혀 그런 분위기가 아니었다며 깜짝 놀라는 것이었다. 로비에서 시청한 아내는 "출연자 가운데서 제일 젊어 보이고 액티브하던데, 방송 그만두기는 아깝다"고 농담을 했다.

뇌종양 검사와 진단을 받느라 대학병원을 오갈 때도 아내에게 의존했다. 나는 이미 높아진 뇌압 때문에 복잡한 병원에 들어서면 정신이 멍해졌다. 아내의 손을 잡고 병원 검사실 이곳저곳을 다녀야 했다. 그때 내 입에서는 이런 소리가 절로 나왔다. "당신 없었으면 병원에 다닐 수나 있었을까?" 언제나 내가 힘이 더 있으니까 아내를 지켜줘야 한다고 생각했는데, 거꾸로 내가 아내에게 의존하는 상황이 되어버렸다. 다 낫고 나면 늙을 때까지 살면서 두고두고 갚아야겠다는 생각을 했다. 아내는 이제 아이들 다 키웠으니 남편하고 이곳저곳 여행 다니며 살고 싶어 했다. 막 그러려고 하니까 내게 병이 생겨버렸다.

그렇게 나와 아내는 수술을 위해 입원할 날을 기다렸다. 특별히 겁나거나 무서운 것은 없었다. 나는 깊은 잠에 들 것이고, 잠에서 깨어나고 나면 집도의 선생이 나쁜 종양을 제거해놓을 것이니 불안할 것 없다고 믿었다. 혹여 후유증으로 몸에 불편한 부분이 남는다 해도 내 것으로 담담히 받아들이며 살아가리라고 마음먹었다. 불안해하고 걱정한다고 해서 달라질 것은 없으니 평소와 다름없이 평온하게 일상은 돌아갔다. 그 평온함이 수술 이후에도 변함없이 이어지리라고 믿었다. 내 마음이 평온함을 유지하고 있다는 데 대해 나 자신에게 감사했다. 그리고는 자신에게 말했다. "다 잘될 거야. 너는 다 이겨낼 거야."

2주일의 시간은 그렇게 고요하게 지나갔다. 나는 아침 일찍 일어나 새로 산 에어플라이어에 고구마를 구웠고, 우리 부부는 식탁에 마주앉아 고구마를 함께 먹었다. 아내는 내가 찐 고구마를 무척 맛있게 먹었다. 참 평화로웠다. 어떤 일이 닥치든 이 평화가 깨지는 일은 없을 것이라고 우리는 믿고 있었다.

50대 부부의 때늦은 사랑 고백

처음 병원에서 대단히 위험한 곳에 종양이 있다는 말을 듣고 온 날, 아내는 내 손을 잡고는 따뜻한 체온만 느낄 수 있어도, 같은 곳에서 숨만 쉬고 있어도 좋으니 세상에서 사라지면 안 된다고 신신당부를 했다. 아내는 울먹이면서 "당신이 나한테 어떻게 이럴 수 있느냐"라고도 했다. 내가 없는 삶을 한번도 생각해본 적이 없는데, 언제나 옆에 있을 사람이라고 생각했는데,

세상에서 사라질지도 모른다니…. 살면서 어렵고 힘든 순간이 여러 번 있었지만 그때마다 아내는 의연한 모습을 잃지 않았다. 그런 사람이 내가 어떻게 될지 모르는 상황에서만은 힘들어하는 모습을 보였다.

그날 밤 아내는 "당신은 나의 전부였다"고 같이 살아온 날을 회고했다. 그런 말을 들으니 부끄러운 마음이 들었다. 내가 뭔데, 내가 해준 것이 무엇이 있다고 한 여인의 이토록 간절한 마음을 얻고 있단 말인가. 과분했다. 그동안 잘못하고 미안했던 여러 일이 주마등처럼 스쳐 지나갔다. 나는 "미안하다. 반드시 살아남겠다"고 나 자신과 약속했다. 투병생활이야 아프고 처절한 것이었지만, 그래도 그 과정에서 의미가 있었다면 우리 부부 사이가 더욱 돈독해진 것이다. 위기의 순간, 서로의 진심을 접할 수 있었기 때문이다.

나를 살리려는, 나를 다시 일어서게 하려는 아내의 간절한 마음은 투병생활 내내 큰 힘이 되었다. 그 시간 동안 아내는 나를 살리기 위한 전쟁터에 뛰어든

전사였다. 수술 이후 재활까지 힘든 시간을 보내면서도 굳이 살아남아 다시 건강한 모습으로 일어서려고 안간힘을 쓴 첫째 이유는 아내 때문이었다. 사실 나 하나 세상에서 사라지거나 잊혀진들 무슨 대수이겠는가. 다시 일어서서 세상을 위해 할 일이 남아 있다고 착각할 만큼 자기도취에 빠져 있지는 않았다. 세상은 나 없이도 잘 돌아간다. 다만 아내의 간절한 마음에 못을 박는 일은 없어야겠다 싶었다. 한 인간의 힘이 병을 이겨내는 데는 못 미칠 수 있겠지만 내가 할 수 있는 모든 노력을 다해 상황을 이겨내기로 마음을 다잡곤 했다.

아내는 내가 수술장으로 들어가고 일주일 뒤 중환자실에서 나올 때까지 중환자 대기실을 떠나지 않고 의자에서 쪽잠을 잤다. 수술로 종양은 깨끗이 제거되었다고 들었지만, 당장 폐렴에 걸리고 호흡곤란 증세 때문에 예후가 어떻게 될지 긴장을 풀 수 없는 상황이었다. 아내는 내가 누워 있는 곳에서 가장 가까이 있으려고 중환자실 벽에 기대어 있곤 했다. 나중에 얘기 들으니 나한테 언제 무슨 일이 생길지 모르니 그곳을 떠날 수가 없었다고 한다.

중환자실은 오전과 오후 한 번씩, 하루에 두 차례 잠깐씩 면회가 허용된다. 면회 시간이 되어 문이 열리면 아내는 빠른 걸음으로 가장 먼저 들어왔다. 조금이라도 일찍 내 얼굴을 보려고. 그리고는 자기가 중환자실 벽에 붙어 있으니 아무 걱정 말고 마음 편히 있으라고 말했다.

"바로 저 벽 뒤에서 내가 여보를 지키고 있으니 걱정 마."

남편을 살려놓고 빨리 회복시키려는 아내의 지극정성에도 불구하고 회복의 과정은 무척 힘들었다. 특히 일반 병실로 올라간 뒤 기립성 저혈압으로 느닷없이 실신을 반복했을 때 아내는 무척 놀랐던 모양이다. 휠체어를 타려고 침대에서 일어나던 사람이, 화장실에 가려던 사람이 갑자기 눈이 돌아가면서 실신을 하곤 했으니 말이다. 아내는 그때 너무 놀란 나머지 마음의 안정을 위해 약을 먹는 상황이 되어버렸다. 일반 병실로 옮겨 투병을 계속하는 동안, 다시 재활병동을 거쳐 재활병원으로 옮기고 나서도 아내는 불철주야 내 회복을 위해 모든 정성을 기울여주었다. 수없이 실신하여 걷는 것조차 불가능했다가 재활운동실에서 다시 걸을 수 있게 되었을 때, 나는 아내를 불러 다시 걷기 시작한 남편의 모습을 보여주었고, 아내는 나에게 박수를 쳐주었다. 우리 둘은 병마와 싸우는 동지가 되어버렸다.

　우리는 가족 '단톡방'에서 수많은 얘기를 나누었다. 아내는 병원과 집을 오가며 나를 간병했다. 떨어져 있는 시간 동안 우리는 수시로 몸 상태며 병원에서 있었던 일에 대해 주고받았다. 나는 아내에게 큰 짐을 안겨준 데 대한 미안함과 격려의 마음을 전했고, 아내는 내가 어려운 과정을 잘 견뎌내고 있는 데 대한 고마움과 응원을 보내왔다. 평소 정신없이 살면서 서로

편지 한 번 주고받을 일이 없었지만, 우리는 어느새 매일 카톡을 통해 마음을 주고받는 데 익숙해졌다.

우리는 두 딸이 함께하는 단톡방에서 스스럼없이 애틋한 정을 나누었다. 종종 서로에 대한 고마운 마음을 이모티콘으로 전하고, 밤이면 잘 자라는 인사를 잊지 않았다. 우리 부부의 대화를 엿보던 두 딸은 "마치 연인들의 톡을 훔쳐보는 기분"이라며 부모의 카톡 애정행각을 샘내기도 했다. 우리는 아빠와 엄마가 어려운 시간을 이겨내는 과정을 딸들과 공유하고 싶었다. 나중에 세상을 살다가 혹시라도 갑작스러운 어려움이 닥쳤을 때 두 딸이 부모를 떠올리며 힘을 낼 수 있다면 우리의 몫을 다한 것이 아닐까.

이번에 뇌종양을 겪으면서 나는 건강과 신체 기능의 일부를 잃었지만, 아내와 가족의 신뢰와 사랑을 얻었다. 그래서 결코 슬프지 않았다.

인간은 약해질 때 누구에게 의지하나

투병은 투병이었다. 중환자실에서 일반 병실로 올라가서도 병마와의 싸움은 지루하게 계속되었다. 워낙 큰 수술을 받은 터라 단숨에 회복되는 방법은 없었고, 병세는 앞으로 갔다 뒤로 가기를 반복하며 나를 괴롭혔다. 대학병원에 있었던 70여 일 동안 폐렴만 세 차례 걸렸다. 침조차 삼킬 수 없는 삼킴 곤란 상태에서 침이 기도로 넘어가면서 흡인성 폐렴이 생긴 것이다.

면역력이 바닥으로 떨어진 상태에서는 폐렴을 간단히 보면 안 된다는 것을 알았다. 폐렴으로 인해 고열과 호흡곤란을 겪으면서 힘든 시간을 보냈다.

중환자실에 있을 때 이미 한 차례 폐렴에 걸렸었고 호흡곤란증 때문에 위험한 고비가 있었다고 한다. 그때부터 끝없이 나오는 가래, 호흡곤란 증상이 지긋지긋하도록 나를 떠나지 않았다. 일반 병실로 올라왔지만 또다시 폐렴에 걸렸다. 열도 열이지만, 호흡곤란으로 잠을 잘 수가 없었다. 수면 무호흡 증상까지 나타나 잠이 들면 숨을 쉬기 어려웠다. 게다가 잠이 들면 맥박이 떨어지곤 해서 잠드는 것 자체가 불안했다. 끝없이 나오는 가래를 밤새 큰 기침을 하며 뱉어내지 않으면 폐의 산소포화도가 떨어졌다.

가래와의 전쟁은 체력 싸움이기도 했다. 자고 싶었지만 열흘 동안 잠을 이룰 수 없었다. 마치 밤마다 고문이라도 받는 느낌일 정도로 고통스러웠다. 노인들의 경우 수술 후에 쇠약해져 섬망이 와서 밤에 헛것을 보는 경우가 있다고 한다. 나는 그 정도까지는 아니지만 밤이 되면 불안을 느끼기 시작했다. 밤에 잠을 제대로 이루지 못한 탓이었다. 깜깜한 병실에서 마치 누군가가 나를 쳐다보고 있는 것 같은 망상이, 자는 것도 깨어 있는 것도 아닌 상태인 나에게 찾아오는 데까지 이르렀다.

매일 밤 지켜보던 아내는 그날 밤에도 내가 고통스러워 하며 잠을 이루지 못하자, 자신의 손목에 차고 다니던 묵주를 가리키며 물었다.

"이거 손목에 찰래?"

"바티칸에서 산 묵주잖아? 그래, 주라."

여러 해 전에 가족여행 갔을 때 바티칸에서 산 묵주였다. 나는 무슨 보물이라도 받듯이 허겁지겁 묵주를 손에 건네받았다. 그리고는 가슴에 꼭 품었다. 그날 밤 나는 손목에 묵주를 찼다. 고통스러웠던 얼마 동안은 내 손목에 묵주가 있음을 의식하며 지냈다. 피검사 할 때 간호사가 묵주를 손목에서 빼려고 하자 안 된다고 할 정도였다. 나는 그 순간 그런 내 모습에 내심 놀랐다. 묵주를 다시 아내에게 돌려준 것은 쇠약해진 몸이 어느 정도 회복된 뒤였다.

그 고통스러웠던 시간에 묵주는 나에게 무엇이었을까. 나는 특별히 무신론자라고까지 할 건 없지만, 아직 종교를 갖고 있지 않다. 그럼에도 묵주를 가슴에 품고는 안도감을 느꼈다. 믿었던 자신의 의지가 바닥이 났을 때 무엇에든 의지하려는 본능적인 모습이었을 것이다. 물론 그것은 평소 나의 철학과도 어울리지 않는 것이었다. 지나고 나서 생각하니 오죽했으면 그랬을까 하는 자기 연민의 대상일 뿐이다. 묵주가 나를 안심시켜 준다는 것이 가당키나 한가? 평소 같았으면 이렇게 생각했을 것이다. 그때 내가 의지하려 했던 것이 묵주로 상징되는 신이었는지, 아니면 묵주를 내게 건네준 아내였는지는 지금도 잘 모르겠다. 어쨌든 인간의 의지를 믿으며 꿋꿋이 수술을 받고 투병생활을 하던 내가 묵주에 기댄 것은 두고두고 내 기억에 남는 일이다.

　리처드 도킨스는『만들어진 신』에서 "우리가 신 없이 살면 우울해할, 타당한 이유가 있는가"라고 물은 적이 있다. 인간의 존엄성이 신 앞에서 어떻게 무너져 갔는지를 분석한 도킨스는 미래 사회의 대안은 종교가 아닌 인간 그 자체에 있음을 말했다. 그가 종교를 비판한 이유는 연민과 사랑 등 인간 본연의 가치를 찾기 위한 것이었다. 인간은 자체로 충분히 도덕적이며, 스스로에게 희망을 제시할 수 있는 존재로, 신이 사라진다면 인간은 더욱 인간을 의지하며 본연의 가치를 찾게 될 것이라는 것이 도킨스의 논지였다.

　하지만 신의 부존재에 대한 도킨스의 엄격한 생각과는 달리, 우리 인간에게는 의지할 곳이 필요하다. 그것이 인간이냐 신이냐는 그리 중요한 문제는 아니다. 신이 없는데도 인간이 신을 만들어내고 의지하면 또 어떤가. 물론 인간이 인간에게 의지하는 것이 가장 좋은 답이겠지만, 의지할 만한 인간이 없는 사람에게는 신에 대한 믿음이 유용할 수도 있다. 이 험난한 인생의 여정에서 때로는 쉬어갈 수 있고 의지할 수 있는 내 마음의 안식처를 갖는 것도 나쁘지 않은 일이다.

나는 종교를 갖고 있지는 않지만, 신을 믿는 사람들을 좀더 이해할 수 있게 되었다. 병상에 누워 있는 남편의 곁을 지키며 성경을 읽고 있는 어느 부인의 모습이 가슴에 와닿는다. 인간과 인간 사이의 의존은 충분하지 못했고, 그래서 사람들에게는 다르게 의지할 인간 이상의 상대가 필요했던 것으로, 그 존재가 곧 신이었던 것이다.

묵주를 가슴에 품었던 내가 이상하게 생각되기보다는 어쩌면 가장 인간적인 모습이 아니었을까 생각하고 있다. 힘에 부칠 때, 설혹 '만들어진 신'이라 해도 의지할 누군가가 있다는 것은 나쁜 일이 아니다. 나는 실제로 나이가 더 들면 종교를 갖고 싶은 생각을 갖고 있다. 특별히 신의 존재를 믿어서라기보다는, 영혼의 대화를 나눌 상대가 더 있다면, 그것도 좋겠다는 생각이 들어서이다.

이런 일도 있었다. 재활병원으로 간 뒤에 복도에서 대학 후배를 우연히 만났다. 그 며칠 전에도 스쳐 지나가면서 한 번 본 적이 있었는데 그냥 닮은 사람인가 보다 하고 말았었다. 그런데 내가 잘 아는 후배가 맞았고, 나와 후배는 함께 깜짝 놀라면서 서로를 확인했다. 후배는 어머니가 뇌경색으로 몸이 불편하게 되어 재활병원으로 왔다고 했다.

후배는 나를 보더니 "창선이 형, 어떻게 이렇게 되었어요?"라고 물었다. 순간 눈시울이 뜨거워지려는 걸 꾹 참았다. 어떻게 이렇게 되었어요, 어떻게 이렇게 되었어요. 아 참, 이렇게 된 거구나. 나는 비로소 사람들이 바라보는 내 모습을 객관적으로 의식할 수 있었다. 물론 후배는 오랜만에 본 선배가 재활병원에서 환자복을 입은 채 휠체어를 타고 말도 어눌하게 하는 모습을 보고 안타까움에 한 말이었다.

후배와 이런저런 얘기를 나누고 나서 생각하니,

후배의 그 말에 울컥했던 내가 이해가 안 되었다. 아니 새삼스럽지 않은가. 아무렇지 않은 듯이 병원생활을 잘 해왔던 내가 다른 사람의 말 한마디에 그렇게 비참한 기분에 빠져들다니. 내 마음속에 무엇이 있길래 그랬는지 궁금해졌다. 비록 재활병원에서 그런 모습으로 재활을 하고 있었지만, 한번도 그에 대해 슬픈 감성을 가진 적이 없었기 때문이었다.

아, 힘들었구나! 이성적인 나는 힘든 것을 힘든 줄 모르고 견뎌내며 여기까지 왔지만, 나조차 알지 못하는 내 심연 속의 감정은 많이 힘들어 했었구나. 그래, 힘들었다면 그래도 괜찮다. 그동안 애썼다. 나는 스스로를 위로했다.

힘든 것을 힘들어 하며 아프다고 비명 지르는 것은 인간의 자연스러운 본능이다. 힘든 것을 참으며 견뎌내고 마음을 다스리는 것은 인간의 이성이다. 두 가지 가운데 어느 하나만이 절대적으로 좋은 것은 아니다. 나는 나의 아픔을 껴안으며 마음의 평화를 지키고

자 했다. 그래서 힘들었을 때 내면에서 솟구쳤던, 준비되지 않은 감정들조차 내 것으로 받아들인다. 인간적인, 너무도 인간적인 나를 위해.

걷는 것이 감격스러운 사람

사람이 걸을 수 있다는 것은 너무도 당연한 일이라 생
각했다. 사고를 당해서 장애가 발생했으면 모르되, 두
다리가 튼튼한 사람이 걷는 것은 대단한 일이 될 수
없다. 그런데 어느 날부터 걸을 수가 없었다. 아니, 앉
는 것조차 불가능해졌다.

　수술을 했던 대학병원에서 한 달 만에 퇴원 날짜
가 정해졌다. 여러 후유증이 남아 있었지만 보행 능력

이 괜찮은 편이라 퇴원 날짜를 받았다. 그런데 그때부터 상황이 달라졌다. 재활운동 도중에 이동 보조도구를 사용하며 걷기를 하다가 실신하기 시작한 것이다. 재활치료사가 잡아줘서 다치는 일은 없었지만 실신이 반복되니 운동 시간에 걷기를 하는 것은 중단되고 말았다.

실신은 병실에서도 계속되었다. 침대에 앉아 환자복을 갈아입다가 실신하는가 하면, 화장실에 갔다가 실신을 해서 아내가 머리를 감싸주며 같이 화장실 바닥에 쓰러지는 일도 있었다. 이 무렵 실신은 고개와 눈이 돌아가는 증세를 보이기도 해서 흡사 경련 증세와 비슷해 보였다. 그래서 갑작스러운 실신의 원인을 찾아내기 위해 여러 검사를 받았다. 혹시 경련이 아닌지 검사를 했고, 심장 검사도 하고, 뇌에 출혈이 생긴 것은 아닌지도 검사를 했다. 특별한 이상이 나타난 것은 없었고, 결국 수술할 때 혈압이 260까지 올라간 탓에 혈압조절 기능에 이상이 생겨 기립성 저혈압 증상이 나타난 것으로 결론이 났다. 일어서거나, 심지어 앉기만 해도 혈압이 뚝 떨어져서 실신하게 되는 증상이었다. 몸 아래에 있는 피가 머리로 제때에 가지 못함으로써 실신까지 하게 되는 것이었다.

실신 증상 때문에 한 달 동안 애를 먹었다. 계속 실신을 하니 그냥 누워 있을 뿐이었다. 휠체어도 탈 수 없어 이동식 침대로 이동을 했다. 한마디로 '누워서 사는 남자'가 되어버렸다. 재활운동을 가도 누워서 하는 다리 근육 운동만 할 수 있을 뿐이었다. 퇴원도 없었던 얘기가 되었다. 일단 일어설 수는 있게 해놓아야 재활병원에 가도 재활을 할 수 있기에, 혈압은 잡아놓고 퇴원하는 걸로 일정이 바뀌었다.

혈압약을 써도 증세가 호전되지 않아 의사들도 애를 먹었고 신경과 등과의 협진도 진행되었다. 재활 병동에서 나를 담당했던 교수는 회진 때 "우선 앉는 것을 목표로 잡읍시다"라고 했다. 앉을 수도 없었던 당시 내 처지로는 맞는 말인데, 사실은 기가 막힌 말이었다. 앉는 게 목표인 사람은 도대체 어떤 사람일까. 사람에게 앉는 것도 목표가 되어야 하다니. 시간이 지나도 증세가 호전되지 않고 누워만 있어야 하자 초초해지기도 했다. 이러다가 평생 일어나지 못하는 것은 아닐까. 앉아만 있어도 실신하는 인간, 상상이 되지 않았다.

그때 내가 할 수 있는 것은 안전을 우선하며 운동을 열심히 하는 것뿐이었다. 나같이 머리를 열고 뇌수술을 한 사람은 머리 보호에 만전을 기해야 한다. 혹시라도 쓰러져서 머리를 다치게 되면 다시 머리를 열고 수술을 해야 하고, 그러면 다시는 일어서지 못하는 경우가 많다. 그러니 내가 할 수 있는 운동은 침대에 누워서 다리 근육을 키우는 운동뿐이었다.

그 무렵 내 다리는 형편없이 가늘어져 있었다. 종아리며 허벅지가 굵은 편이었는데, 아무리 수술을 했어도 하루아침에 그렇게 가늘어질 수 있는지 놀랄 정도였다. 도대체 이 다리가 언제나 원래의 모습으로 돌아올 수 있을까. 운동을 한다고 사라진 근육이 과연 다시 생겨날 수 있을까 궁금했다. 그 형편없어진 다리로는 아무것도 할 수 없을 것 같았다. 어떻게든 매일 운동을 열심히 해서 다시 체력을 키워놓아야 할 상황이었다. 조금이라도 다리 운동을 해놓으면 언젠가는 도움이 될 것이라 믿고 침대 위에서, 재활운동실에서 다리 운동을 계속했다. 누운 채로. 지금 생각하면 어떤 상황에서든 체력을 키우기 위해 꾸준히 운동한 것은 참 잘한 일이었다. 그때 조금씩 다져놓은 다리 근육이 나중에 재활병원에 와서 급속히 체력이 강해지는 데 큰 도움이 되었다.

의사 선생님들은 혈압을 잡을 수 있는 약과 치료 방법을 찾는 데 부심했고, 나는 적응 노력을 계속했다. 재활운동실에서도 나는 누워서 다리 운동만 할 뿐이었다. 운동치료사로서는 환자의 안전을 우선해야 하니 무리하게 나를 일으켜 세울 수 없었을 것이다. "다시 걷고 싶어요. 언제쯤 걷기를 시도해볼 수 있을

까요?" 나는 묻고 또 물었지만 운동치료사는 혈압 때문에 당장은 어려우니 다리 근육을 키워놓자며 다리 운동만 시켰다.

폐렴 등 합병증에서 벗어나 몸의 상태가 호전되자 운동치료사는 나를 일으켜 세우고 걷게 했다. 혈압약이 조금씩 듣기 시작하면서 수술 이후 처음으로 보조도구 없이 혼자서 걷는 날이 온 것이다. 조금이라도 무리하면 어지러움증이 생겨 또 실신할지 모르니 조금씩 조심조심 걸었지만, 내 발로 걷는 날을 기다려왔던 나로서는 감격적인 순간이었다.

나는 살면서 걸음으로써 감격하는 순간이 있을 줄 한번도 상상해본 적이 없었다. 그런데 나는 걷는 일에조차 감격하는 삶을 살아가고 있다. 그날 이후 재활을 하면서 나는 여러 번 감격하는 감격시대를 살았다. 재활병원으로 옮긴 뒤 악착같이 운동을 해서 체력을 키워 운동실에서 뛰기를 했을 때, 지하에서 6층 계단까지 걸어서 오르내렸을 때, 휠체어에 의존하지 않고 세면대 앞에 서서 양치질하고 세수하는 내 모습을 거울로 보며 나는 감격했다. 그리고 매일같이 쉬지 않고 운동을 해서 마침내 예전의 내 모습을 하나씩 되찾아가고 있는 자신에게 뜨거운 격려를 보냈다.

예전의 건강했을 때를 생각하면 하나하나가 다 아무것도 아니다. 하지만 지금은 하나하나가 재활 노력의 땀이 낳은 결과다. 안 겪어본 사람은 좀처럼 이해할 수 없을 이 소소한 감동이 앞으로 내가 살아가는 태도에 소중한 영향을 미칠 것이다.

마치 새로 태어난 아이가 걷기 시작하면서 신기해 하듯이, 내 삶은 바닥에서부터 다시 다져지고 있다. 여전히 상대해야 할 간단하지 않은 후유증이 있지만, 앞이 보이지 않던 어두운 터널 속에서 출구의 빛을 본 느낌이다. 병을 이겨내는 것도 결국 삶의 축소판이라는 생각이 들었다. 앞으로 갔다 뒤로 갔다 하면서, 그래도 앞으로 가고 있는.

나는 왜 병실에서도 글을 쓰는가

지금 내가 세상과 만날 수 있는 유일한 통로는 글쓰기다. 재활을 계속해서 몸이 정상으로 회복되어야 사회적인 활동이 가능한 상황이다. 마비되었던 혀가 많이 좋아졌지만 아직 발음이 어눌하다. 혀의 힘이 약해져서 발음이 제대로 되지 않는다. 혀가 정상 상태로 돌아와야 전처럼 방송이나 강의도 가능할 것이다. 연하장애로 음식이나 물을 삼킬 수가 없으니 사람들을 만나 함께 식사를 하거나 차를 마시는 것도 불가능하다. 이런 후유증이 회복될 때까지는 은둔생활을 해야 할 판이다.

그래도 다행스러운 것은 글을 쓸 수 있는 인지능력과 오른손의 능력에는 아무런 이상이 없다는 사실이다. 수술하기 전 집도의 선생에게 수술 후유증이 따를 것이라는 설명을 들었을 때 제일 먼저 이렇게 물었다. "인지능력에는 문제가 안 생기나요? 저는 글을 쓰는 사람이라서…." "대뇌가 아니기 때문에 인지능력에는 문제가 없을 것"이라는 대답을 듣고 안도했었다. 수술을 앞두고 후유증으로 인해 신체의 어느 곳에 불편함이 생기더라도 감수하겠다고 마음을 먹었으면서도 생각하고 쓸 수 있는 능력만큼은 지켜지기를 간절히 원했다. 나에게는 그것이 존재의 근거였다. 생각하지도 글을 쓸 수도 없는 내 모습만은 상상하고 싶지 않았다.

수술 직후에도 나의 글쓰기는 다시 이어졌다. 수

술이 끝나고 중환자실로 옮겨진 이틀 뒤, 나는 휴대폰을 건네받아 페이스북에 글을 올렸다.

"… 수술에 임하기 전부터 지금 이 순간까지 제 마음은 지극히 평온합니다. 의식이 깨어나고 눈을 떴을 때 종양을 떼어낸 머리는 맑았습니다. 뇌수의 물길이 트인 머리는 마치 새로운 아침 해를 맞는 느낌이었습니다. 사지를 움직여보니 움직여졌습니다. 그러면 됐다. 그 순간에 든 생각이었습니다. 치명적인 후유증이 아니라 목소리 제대로 안 나오고 하는 몇 가지 후유증이야 저에게 그리 엄청난 것은 아닙니다. 맑은 머리와 글을 쓸 수 있는 손이 멀쩡하기 때문입니다.

제2의 인생을 시작하는 기분입니다. 이제 저에게 방송을 하고 못 하고는 중요한 문제가 아닙니다. 질풍노도의 정신을 쫓았던 이제까지의 삶을 넘어, 이제 고요하고 평온한 마음에서 우러나오는 따뜻하고 선한 사람들을 위한 글을 쓰며 살고 싶습니다. 그 속에서 제 몸에 붙어 있던 묵은 때도 벗겨내고 싶습니다. 욕망, 알량한 우월의식, 질투와 시기, 거짓과 허위… 이제는 다 벗겨내고 살고 싶습니다. 그럴 수 있는 시간이 이제 얼마 안 남았지요.

인생의 말년을 그렇게 사는 것도 아름답지 않을까 생각해봅니다. 어쩌면 그게 제가 본시 살고 싶었던 삶이었는지도 모르겠습니다.

슬픔은 자기가 직접 겪을 때 그 깊이를 온전히 이해할 수 있습니다. 그게 우리 인간이 가진 어리석음이겠지요. 다만 그 의미를 온전히 받아들임으로써 새로운 삶이 다시 시작되는 것이겠지요.

월요일에 일반 병실로 갑니다. 더 회복되면 다시 소식 전하지요. 걱정해주신 모든 분들께 감사 드립니다.”

하지만 이 글에 쓴 내용과 달리 월요일에 일반 병실로 가지 못하고 중환자실에 여러 날 더 있어야 했다. 폐렴에 걸리고 호흡곤란이 계속되는 등 상태가 안 좋아졌기 때문이다. 페북에 올라온 글을 보고 상태가 좋은지 알고 문병을 왔던 지인들은 이런 상태에서 그런 글을 올렸느냐며 놀라기도 했다.

이후에도 내 상태는 앞으로 갔다 뒤로 가기를 반복했다. 말 그대로 힘든 투병의 시간이었다. 그러는 와중에도 나는 페북에 가끔씩 글을 올렸는데, 이를 두고 아내와 갈등이 빚어지기도 했다. 아직 생사가 어찌 될지도 안심할 단계가 아니고 열이 오르락내리락하는 사람이 아무렇지도 않다는 듯이 많은 사람이 보는 페북에 글을 올리는 데 대해 아내는 강하게 만류하고 나섰다. 평소 내가 하는 일이면 무조건 이해해주던 사람이었지만 이번에는 달랐다. 회복에 전념해야 할 중대한 때에 마치 다 낫기라도 한 듯이 글을 올리는 나를 만류하며 설득했다. 나는 힘든 때라 하더라도 글을 쓰는 것이 내 존재의 근거이며 어려운 상황을 버티는 힘이 된다고 아내를 설득하려 했다. 하지만 아내는 몸을 추스르고 나서 그때 마음껏 쓰라며 한사코 말렸다. 마침내 아내는 "소원이야. 제발…"이라는 문자를 보내왔다. 나를 살려놓겠다고 밤낮으로 애를 쓰고 있는 아내가 '소원'이라는데…. 이건 이유 여하를 막론하고 내가 물러서야 할 사안이라고 판단했다. 소원이라 하지 않나.

생각해보니 내가 조급했었다. 그럴듯한 이유를 들며 글을 써서 올리곤 했지만, 그 얼마간의 시간도 못 참는 조급증이거나 사람들의 관심을 받고 싶어하는 '관종'에서 벗어나지 못한 모습이라는 생각이 들었다. 아내의 설득이 옳았다. 우선은 건강을 어느 정도 회복하고 나서 그때부터 다시 글을 쓰기로 했다. 다시 페북에 글을 올리고 매체에 연재 칼럼을 기고하기 시작한 것은 몸을 어느 정도 추스르고 난 뒤였다.

사실상 병상에서 글쓰기는 매우 힘들고 불편하다. 몸이 충분히 회복되지 않은 상태에서는 침상에 밥상을 펴놓고 앉아서 노트북으로 글을 쓰기가 힘들다. 그러다 보니 누운 상태에서 휴대폰에 깔려 있는 앱에 원고를 쓰게 된다. 한동안 내가 외부에 기고했던 글은 그렇게 폰으로 한 글자 한 글자 입력해서 완성된 것이다.

병상에서 병을 상대하는 것만도 벅찰 텐데 어째서 나는 불편한 환경에서 그렇게까지 글을 쓰려 했던 것일까. 어디에든 글을 쓰는 과정은 나 자신이 살아서 존재함을 확인하는 과정이었다. 물론 그렇게까지 하며 글을 쓰지 않으면 네가 살아 있음이 확인되지 않느냐는 반문도 가능하다. 하지만 사람마다 힘을 만들어내는 방식은 다르다. 병상에서는 다른 생각 하지 않고 치료에만 집중하는 것이 최선인 사람이 많겠지만, 내 경우는 글을 씀으로써 힘을 만들어낸다. 그러니까 글 쓰는 행위가 육체적 건강에도 도움을 준다고 믿고 있다. 내 힘의 마중물인 셈이다. '나는 쓴다. 고로 존재한다.'

장소가 어디든, 글을 쓰는 행위는 자신의 생각을 정리하는 과정이다. 우리는 글을 씀으로써 자아와 깊은 대화를 나눌 수 있고 자신의 진실을 발견할 수 있다. 오랫동안 병실에 있으면서 나에게는 고통을 이겨낼 강한 의지 혹은 앞으로의 새로운 삶을 위한 다짐이 필요했고, 글쓰기는 바로 그러한 시간이었다.

전기 작가 우드 콕은 조지 오웰에 대해 이렇게 말했다.

"나는 살아온 인간과 글로 표현된 인간의 모습이 이처럼 일치하는 작가를 결코 만난 적이 없다."

글은 자신의 진실을 찾아내고 담아내는 그릇이 될 수 있다. 그것을 계속할 수 있어서 다행이다. 그래서 지금 이 책도 병실에서 쓰고 있다. 일찍 소등해서 모두가 잠들어 있는 병실에서.

인생의 시련을 대하는 태도

지극히 평온한 마음으로 수술을 받았다고는 하지만 아무것도 아닌 일로 생각했다는 말은 아니다. 어디 사람이 그럴 수 있겠는가. 수술을 앞두고 여러 가지 정리를 했다. 고정 출연을 하던 TV와 라디오 프로그램이 여섯 개 정도 되었는데, 불가피하게 하차해야 하는 상황을 설명하고는 언제 다시 방송이 가능할지는 수술을 받아봐야 안다고 말했다. 카드나 공과금 밀린 건

없는지 점검하고 통장도 정리했다. 혹시라도 수술이 잘못되어 죽거나 인지 기능에 이상이 생길 경우를 대비한 것이었다. 만약 나에게 이상이 생긴다 해도 아무 문제가 없도록 미리 처리해두고 싶었다.

생각하기에 따라서는 수술로 생긴 후유증으로 오랜 시간 고생하는 것이 절망스러울 수도 있을 것이다. 멀쩡했던 사람이 하루아침에 이렇게 된 것이 기가 막힐 노릇으로 생각될 수 있다. 후유증이 정상으로 회복되지 못한다면 앞으로 남은 생에서는 사회적 활동은 포기하고 은둔 아닌 은둔 생활을 해야 할지도 모른다. 여러 면에서 한평생 살아가면서 두 번 있기도 어려운, 아니 두 번 있어서는 안 되는 큰 사건일 것이다.

어려운 과정이었고 앞으로도 어려울 것이다. 하지만 나는 지극히 평온한 마음으로 내게 주어진 시련을 받아들였다. 입원 생활 내내 마음의 평정을 잃은 적은 거의 없었다. 마음의 동요 없이 수술을 받았고 살아나고자 했으며 신체에 남은 불편함을 이겨내기 위해 최선을 다했다. 왜 하필 내게 이런 병이 생겼는지를 원망하지 않았고, 그래도 목숨을 건지고 몸이 조금씩 회복되어 가고 있으니 불행 중 다행이라고 생각하고 있다. 긍정적인 태도로 잘 견디고 있다고 자평하고 있다. 힘든 상황에서도 절망 대신 희망을 품을 수 있었던 동력은 무엇이었을까 생각해본다.

첫째는 어떤 상황에서도 인간으로서의 존엄을 지키려 했고, 둘째는 사랑을 지키고 싶었다. 누군가는 반문할지 모른다. 아파서 누워 있는 병자가 존엄할 수 있는가. 공허하고 구름 잡는 거창한 얘기가 아닌가. 그렇지 않다는 것이 나의 믿음이다. 인간으로서의 존엄함을 지킨다는 것은 멀리 있는 공허한 말이 결코 아니라 우리 한 사람 한 사람에게 부여된 삶의 숙제이다. 우리에게 가장 두려운 것은 내 삶의 주인으로서의 자존을 포기하고 그저 주어진 운명에 복종하는 존재로 전락하는 일이다. 힘든 상황에서도 자기 앞길과 운명을 자신의 힘으로 일궈가려는 노력을 포기하지 않는 것. 어두운 절망 속에서도 긍정의 끈을 이어가려는 모습. 거기에서 인간의 고귀한 가치와 힘이 발현되는 것 아니겠는가. 나는 주어진 상황을 겸허히 받아들이고, 그 지점에서부터 다시 새로운 삶을 만들어나가기 위해 노력했다.

이렇게 죽지 않고 살아난 것이 나 자신만을 위한 일은 아니다. 나를 끔찍이도 사랑하는 가족들을 위해서도 나는 포기하지 않고 살아남으려 노력했다. 내가 낙담하고 절망하며 고개를 떨구는 모습은 가족들에게 더 큰 슬픔을 안겨줄 것이다.

죽은 자는 더 이상 아무것도 생각할 수 없다. 그러니 자신은 죽어도 슬프지 않다. 나를 사랑하고 내가 사랑하는 사람들을 위해 나는 흔들리지 않고 견뎌냈다. 아무 일도 없었다는 듯이 다시 살고자 용기를 냈다.

우리는 살아가면서 시련의 시간을 피할 수가 없다. 여러 가지 얼굴을 한 시련이 예고 없이 엄습해온다. 인간의 힘으로 그것을 막아내는 데는 한계가 있다. 예고 없이 찾아온 시련을 피할 방법은 없지만, 그 시련에 대처하는 태도는 선택할 수 있다. 인간은 주어지는 운명 앞에 무릎 꿇고 마는 피동적 존재가 아니다. 의지를 갖고 시련을 감당하고 이겨내는 태도를 갖는 데 인간만의 고유한 가치가 있다.

정신분석학자 빅터 프랭클은 아우슈비츠에서 경험한 인간의 모습을 그린 책 『죽음의 수용소에서』에서 이렇게 말하고 있다.

"인간은 여러 개의 사물 속에 섞여 있는 또 다른 사물이 아니다. 사물들은 각자가 서로를 규정하는 관계에 있지만 인간은 궁극적으로 자기 자신을 규정한다. 타고난 자질과 환경이라는 제한된 조건 안에서 인간이 어떤 사람이 될 것인가 하는 것은 전적으로 그의 판단에 달려 있다.

나는 살아 있는 인간 실험실이자 시험장이었던 강제수용소에서 어떤 사람들이 성자처럼 행동할 때, 또 다른 사람들은 돼지처럼 행동하는 것을 보았다. 사람은 내면에 두 개의 잠재력을 모두 가지고 있는데, 그중 어떤 것을 취하느냐 하는 문제는 전적으로 그 사람의 의지에 달려 있다."

나치에게 끌려가 아우슈비츠 수용소에서 고초를 겪었던 프랭클은 힘든 수용소 생활에서 미래에 대한 희망을 잃은 사람들은 곧 병에 걸려 죽었다고 기록했다. 이는 용기와 희망 혹은 그것의 상실이 인간의 면역력과 밀접한 관계가 있음을 말해주는 것이었다. 그래서 프랭클은 니체의 말을 인용한다.

"왜 살아야 하는지 아는 사람은 그 어떤 상황도 견딜 수 있다."

우리가 사는 환경은 우리 뜻대로만 만들어지지 않는다. 주어진 현실을 원하지 않았다고 그것을 거부할 수는 없는 일이다. 하지만 거기에서 모든 것이 끝나지 않는 것이 또한 인간의 삶이다.

언제나 나의 태도를 선택하고 나의 길을 만들어 가는 것은 나 자신이다. 길을 아는 것과 그 길을 가는 것은 다르다. 중요한 것은 내가 직접 길을 가는 것이다. 때로는 시련이 우리를 시험에 들게 하더라도 내 의지로 나의 길을 갈 때 존엄한 인간으로서의 나를 발견할 수 있을 것이다. 영원히 계속될 것만 같은 통증은 이 시간을 인내하며 지나고 나면 사라질 것이다. 그때 우리에게는 이제까지 경험해보지 못했던 새로운 힘이 생겨날 수 있다.

재활, 힘겹고도 아름다웠던 시간

재활再活. 우리 말로 풀면 다시 산다는 뜻이다. 아파서 누웠던 사람이 장애나 후유증을 딛고 다시 살아가기 위해 기울이는 노력의 과정을 우리는 재활이라고 표현한다. 나도 이렇게 설명하기는 하지만, 재활이 구체적으로 어떤 내용인지 모르다가 나 자신이 재활을 하면서 그 세계를 비로소 알게 되었다.

대학병원이나 종합병원 같은 곳에도 재활병동이

있고 재활치료를 한다. 하지만 큰 병원에서는 특별한 경우가 아니면 오래 입원해 있기가 어렵다. 수술을 하고 중환자실을 거친 환자들도 최소한의 회복이 되면 대부분 한 달 안에 퇴원시킨다. 워낙 입원하려는 환자들이 많기 때문이기도 하고 병원의 수익을 높이기 위해서도 그럴 것이다.

그러다 보니 장애나 후유증이 생긴 환자들은 큰 병원에서는 재활을 흉내만 내다가 퇴원해야 하는 경우가 대부분이다. 본격적으로 재활을 해야 하는 환자들은 퇴원한 뒤 재활병원으로 옮기게 된다. 재활병원에서는 하루 종일 다양한 재활치료를 받을 수 있어 재활에 매우 효과적이다. 하지만 재활병원도 무한정 입원할 수는 없고 제한 기간이 있기 때문에 재활을 오래 해야 하는 환자는 다른 재활병원으로 다시 옮겨야 하는 경우가 많다. 그래서 '재활난민'이라는 말이 생겨나기도 했다.

나도 대학병원에서 퇴원하고는 재활병원으로 옮

겨 재활에 집중했다. 나는 혼신의 힘을 다해 재활에 임했다. 재활병원에 입원한 나에게는 체력을 키우는 일이 급선무였다. 수술과 기립성 저혈압으로 약해진 체력을 강하게 만들어야 장차 일상으로 돌아갈 수 있는 날을 앞당길 수 있었다.

병이 나서 아프고 눕게 되는 것은 인간의 의지로 어찌할 도리가 없는 영역이다. 물론 거기에도 인간의 의지가 개입되는 투병 과정이 있지만, 큰 병 앞에서는 인간의 투병 의지라는 것이 무력할 수밖에 없다. 인간의 의지로 병을 이겨내는 것이 쉬운 일은 아니다.

하지만 재활의 영역에서는 얘기가 다르다. 재활의 성과는 환자의 노력, 환자가 흘린 땀에 비례한다고 보면 맞다. 인간의 신비로운 몸은 큰 수술로 엉망이 되었다가도 스스로 복원되는 능력을 갖고 있다. 장애가 생긴 사람도 흔히 재활의 골든타임이라고 하는 1년 이내에 재활운동을 열심히 하면 몸이 빠르게 정상을 찾아가기도 한다. 하지만 재활 노력을 게을리 하다가 그 시간이 지나고 나면 나중에 몇 배의 노력을 해도 회복하기가 쉽지 않다.

재활병원에 입원한 이후 연일 강행군을 계속했다. 내가 하루에 진행하는 재활 프로그램은 7개. 남들보다 일찍 기상해서 튜브를 통해 약과 경관식 식사를 먹고는 혼자 복도에 있는 매트에 가서 스트레칭과 가벼운 운동을 해준다. 그리고 본격 재활 시간. 나는 운동치료사에게 힘든 운동을 시켜달라 하고, 운동치료사도 힘든 운동을 시키며 화답했다. 오후가 되면 입고 있던 환자복이 땀으로 흥건히 젖었다. 저녁에 다시 스트레칭으로 하루의 운동을 마무리했다. 아마 내가 있던 재활병원에서 운동을 가장 많이, 가장 격하게 한 환자일 것이다.

체력을 키우는 것 말고도 음식물을 삼키지 못하는 장애를 극복하기 위해서는 틈틈이 여러 훈련을 반복해서 해야 했다. 비는 시간에는 침대 밥상 위에 노트북을 펴놓고 원고를 썼다. 그러다 보면 밤이 된다.

하루 중에 잠자는 8시간을 빼놓고는 쉬는 시간 없이 꽉 찬 하루하루를 보냈던 것 같다.

그렇게 한 달을 지냈더니 몸이 빠르게 좋아졌다. 입원할 때와는 달리 어지러움증도 아주 좋아졌고 가늘었던 종아리와 허벅지에 근육이 단단하게 살아났다. 병원 사람들은 입원할 때만 해도 힘이 없어 보였는데 단시간에 많이 좋아졌다고 입을 모았다. 하루는 나를 맡은 운동치료사의 휴가로 다른 운동치료사가 대신했는데, 내가 입원한 다음날 나하고 운동을 했던 사람이었다. 그날 운동실에서 걷기를 하려고 하면 심하게 어지러워 해서 눕히다가 시간을 다 보냈는데, 한 달 만에 이렇게 몸이 좋아졌냐며 깜짝 놀라는 것이었다. 재활은 땀 흘리며 노력한 만큼 결과가 나온다는 사실을 경험할 수 있었다.

사실 재활은 대단히 지루한 과정이다. 재활병원 생활이라는 것이 하루하루가 똑같은 일상의 반복이다. 재활 효과가 하루가 다르게 나타나는 것도 아니다. 계속 제자리걸음인 것 같고, 어느 세월에 몸이 달라지나 하는 생각이 든다. 하지만 매일 똑같은 일상을 반복하며 꾸준히 재활을 하다 보면 어느 사이에 달라져 있는 자신의 모습을 발견하게 된다. 그래서 재활은 인내의 싸움이다. 지금 내가 흘리고 있는 땀 한 방울 한 방울이 모여 건강했던 모습을 되찾아줄 것이라는 믿음을 갖고 길게 바라봐야 지치지 않고 재활을 해낼 수 있다.

지루하지만 꾸준한 노력만이 내 몸을 회복시킨다는 사실은 우리 삶의 기본과도 매한가지이다. 인생도 재활도 하루아침에 달라지기를 기대할 수는 없다. 인내를 갖고 노력할 때만이 성과를 볼 수 있다.

나는 재활 과정에서 최선을 다했다. 예전의 내 모습으로 돌아가기 위해, 그리하여 다시 카페와 도서관과 방송국을 마음대로 오가기 위해, 나중에 퇴원해서도 가족들에게 더 이상 부담을 주지 않기 위해 입에 단내가 날 정도로 혼신의 힘을 다해 재활을 했다. 무서운 수술이 남긴 후유증에 굴하지 않고 그것을 견뎌내고 이겨내기 위해 모든 힘을 쏟았다. 수술에서 재활까지, 그 과정은 무척이나 힘들었지만, 그 겨울에서 가을까지는 내 생애 가장 아름다웠던 시간으로 기억될 것이다.

나는 이 밤에 카뮈가 했던 말을 생각한다.

"인간들에게 거저 주어지는 것은 없다. 그들이 얻은 얼마 되지 않는 것도 부당하게 죽은 자들이 그 대가를 치르고 얻은 것이다. 그러나 인간들의 위대함은 거기에 있는 것이 아니다. 인간의 위대함은 자신의 조건보다 더 강한 존재가 되겠다는 결의에 있다. 만약 그의 조건이 부당한 것이라면 그 조건을 극복하는 방법은 단 한 가지밖에 없으니 그것은 바로 스스로 정당해지는 것이다." (알베르 카뮈, 『카뮈 전집 20』)

나는 나의 뇌를 믿는다

재활병원에 와서 보니 환자들마다 장애나 후유증이
무척 다양했다. 특히 뇌경색으로 뇌수술을 한 경우 대
부분 후유증 때문에 고생하고 있었다. 편마비, 안면마
비, 인지기능 손상, 언어기능 상실, 삼킴곤란 등 수술
한 위치에 따라 여러 후유증을 앓게 된다. 앞에서 밝
힌 것처럼 나 또한 간단하지 않은 후유증과 씨름하고
있으며 언제 회복될지 아직 알 수 없는 상태이다. 삼

키지 못해서 먹지 못하는 것, 자꾸 어지러워서 혼자 다니기 어려운 것 모두 삶의 질을 떨어뜨리는 증상들이다.

가끔은 내가 겪고 있는 후유증은 다른 사람들에 비해 어떤 편일까 생각해보곤 했다. 물론 내 후유증을 내가 선택할 수 있는 것은 아니었지만, 어떤 후유증은 견딜 수 있고 또 견딜 수 없었을까 하는 궁금증이 들었다. 재활해야 하는 후유증 가운데 무엇 하나 힘들지 않은 것이 없지만, 나는 인지기능이 멀쩡한 것을 가장 다행스럽게 여겼다.

내가 입원해 있던 병실에도 인지기능에 문제가 생긴 환자들이 많았다. 뇌출혈이나 뇌경색의 결과, 특히 한 번 퇴원했다가 부주의로 다시 쓰러져서 재수술을 받게 된 경우에는 인지기능에 손상이 따르는 경우가 많았다.

만약 내가 인지기능에 이상이 생겼다면 어땠을까 하는 상상을 해보았다. 다른 후유증에 비해 충격이 무척 컸을 것 같다. 물론 그것을 충격으로 받아들일 만큼의 인지기능이 살아 있어야 가능한 일이겠지만. 인지기능이 손상되어 생각하는 능력이 상실되었다면 내 모습을 지키기는 불가능했을 것이다. 여기서 내가 말하는 '내 모습'은 겉모습이 아닌, 지금처럼 생각하는 능력을 가진 내면의 모습을 가리키는 것이다. 신체의 다른 부분이 불편하게 된다면 도리 없는 것으로 받아들이고 살아갈 수 있겠지만, 생각이 거세된 내가 진정한 '나'로 살아갈 수 있을까 의문이 든다.

그만큼 나에게는 생각할 수 있다는 것이 중요하다. 수술 전후로 인지기능에 아무런 영향이 없으니까 이렇게 병상에서 글을 쓰고 있는 것 아니겠는가. 만약 인지기능에 이상이 생겨서 이전과는 다른 내가 되어버렸다면 그때는 무엇을 할 수 있었을까. 스스로 의미를 부여할 수 있는 게 아무것도 없을 것 같다. 그러니까 자기 존재의 확인이 어려웠을 것이다. 그런 생각을 하면, 생각하는 능력이 멀쩡한 것이 천만다행이라고 받아들이고 있다. 물론 다른 후유증을 만만히 생각해서 그런 것은 전혀 아니고, 내게는 그만큼 생각한다는 것이 생명과도 같다는 의미다.

수술을 하고 나서 새롭게 알게 된 것은 우리 몸, 특히 뇌의 신비이다. 다른 사람들도 그렇겠지만 나 역시 평소 뇌의 존재를 특별하게 생각하며 살지 않았다. 뇌가 수행하는 엄청난 기능을 당연하게 여겼다. 하지만 뇌에 이상이 생겼을 때 인간의 몸, 아니 인간의 존재 자체가 흔들리게 됨을 이번에 깨닫게 되었다. 뇌에 있는 중추신경 하나하나에 저마다의 역할이 있고, 그것이 손상되었을 때 인간의 몸과 정신이 제 기능을 할 수 없다. 뇌수술을 하고 흔히 치르는 각종 후유증은 바로 뇌신경과 직결되어 있는 것들이다. 지금 내가 씨름하고 있는 몇 가지 수술 후유증도 뇌수술 과정에서 관련된 신경이 손상된 결과이다. 마치 물이나 공기처럼 너무 당연하게 생각해왔던 것들이 사실은 특별한 것이었음을 알게 되었다.

더 신비로운 것은 뇌의 자기치유 능력이다. 수술 직후 후유증이 생겨서 고통받던 사람들도 시간이 지나고 재활을 하면서 차츰 정상으로 돌아가는 경우가 많이 있다. 수술로 손상되었던 뇌 신경이 정상으로 돌아가면서 가능한 일이라고 한다.

하버드대에서 뇌과학을 연구하던 질 볼트 테일러 박사의 사연은 이와 관련하여 내 관심을 끌었다. 그는 37세의 나이에 찾아온 급성 뇌출혈로 이성과 논리를 담당하는 좌뇌의 기능을 상실하게 된다. 개두 수술을 받은 이후 그는 마치 아기가 태어나 세상을 이해하는 문법을 하나둘 깨쳐나가듯 걷기, 말하기, 읽기, 숫자 세는 법 등을 하나씩 배워나간다. 테일러 박사는 8년간의 긴 회복 과정을 거쳐 이제는 뇌의 기능을 회복하고 자신의 경험을 책으로 쓰기도 하고 TED 강연도 하는 등 활발한 활동을 하고 있다. 그는 자신의 체험을 바탕으로 뇌가 가진 치유의 힘을 말한다.

"의사들이 종종 이런 말을 하는 것을 들은 적이

있다. '뇌졸중이 일어나고 6개월 안에 능력을 되찾지 못하면 영영 돌아오지 않는다!' 이는 사실과 다르다. 내 경우에는 뇌졸중 이후로 8년 동안 뇌의 학습 및 기능이 꾸준히 향상되었다. 8년이 지났을 때 몸과 마음이 완전히 회복된 것을 느낄 수 있었다. 뇌는 외부 자극을 기반으로 세포의 연결 구조를 바꾸는 탁월한 능력이 있다. 이런 뇌의 '가소성可塑性'이 잃어버린 기능을 되찾게 하는 기본적인 힘이 된다." (질 볼트 테일러, 『나는 내가 죽었다고 생각했습니다』)

뇌의 붕괴와 재건 과정을 몸소 체험한 그는 뇌는 아무리 큰 고통을 받아도 스스로 치유하는 능력이 있음을 깨닫게 된다. 과학 용어로 '뇌의 가소성'이라 칭하는 것으로, 뇌가 유연하여 변화에 뛰어난 적응력을 보이고 효율을 높이는 쪽으로 스스로 발전을 꾀하고자 한다는 사실이다. 테일러 박사는, 느리지만 치유될 수 있다는 믿음 자체가 뇌에 영향을 주어 회복을 앞당길 수 있다는 사실도 알게 되었다고 전한다.

수술 이후 목으로 삼킬 수 없고 혈압이 떨어져 자꾸 어지러워지는 후유증을 겪고 있는 나도, 나의 뇌를 믿기로 했다. 재활운동을 열심히 하는 동시에 내가 그 문제의 해결을 간절히 원하고 있음을 뇌에 전하여 뇌의 반응을 기다리기로 했다. 물론 전제는 나의 뇌세포 신경이 자기치유 능력을 발휘하여 시간이 지나면 정상으로 돌아올 것이라는 믿음이다. 마치 주문을 외우는 비의학적인 말로 들릴지도 모르겠지만, 실제로 우리의 뇌는 그러한 신호에 민감하게 반응한다는 얘기를 많이 들었다. 그래서 오늘 나는 휴대폰에 저장되어 있는 맛집 사진을 보고 있다. 그곳에 가서 음식을 맛있게 삼키던 기억을 떠올리며.

이런 생각을 떠올리며 나의 뇌신경들에게 이제 그만 깨어나 달라는 신호를 보낼 수 있는 것도, 생각할 수 있는 인지능력이 내게 살아있기 때문에 가능한 일이다. 오늘도 나는 나의 뇌와 대화를 계속하고 있다.

인생은 계획대로 흘러가지 않는다

데이빗 핀처 감독의 영화 〈벤자민 버튼의 시간은 거꾸로 간다〉는 인간의 삶이 우연의 연속에 의해 좌우됨을 보여주고 있다. 양로원을 관리하는 퀴니는 벤자민에게 "사람의 운명은 어떻게 될지 모르는 것"이라는 말을 하곤 한다. 실제로 영화 마지막에는 수많은 우연에 의해 누구도 의도하지 않은 교통사고를 당하는 데이지의 얘기가 나온다. 택시기사가 데이지를 칠 때까지 있었던 많은 일 가운데 단 한 가지만 달랐다면, 예를 들어 택시기사가 중간에 커피를 사러 들어가지 않았다면, 그 시간에 데이지는 그 지점에서 택시기사와 부딪히지 않았을 것이고, 데이지가 택시에 치이는 일은 없었을 것이다. 이렇게 우리의 삶은 무수한 상호작용의 연속이며, 내가 의도하거나 계획하지 않았던 일로 인해 인생은 예기치 못한 방향으로 가버린다. 데이지는 그 우연한 교통사고 때문에 댄서의 꿈을 포기하고 만다.

인생을 되는 대로 살아가는 사람이 아니라면 저마다 꿈과 계획을 갖고 살아간다. 하지만 아주 갑작스럽게 혹은 우연하게 발생한 일은 계획을 소용없는 것으로 만들어버리고 만다. 계획 없이 사는 인생의 위험과 나태함을 우리는 알고 있지만, 그렇다고 인생이 계획대로 살아지는 것은 전혀 아니다. 그렇기에 인생은 늘 앞을 알기 어렵다. 미래가 이성이나 의지가 아니라 종종 우연한 사건에 의해 결정된다는 사실은 참으로

부조리하게 느껴진다. 그런 식이라면 우리가 열심히, 성실하게 일하며 미래를 설계할 의미가 무엇이란 말인가.

살다보면 우리의 삶이 항상 논리적 인과관계에 따라 구성되지는 않는다는 것을 목격하게 된다. 열심히 살아온 사람이 나락에 빠지는 경우도 많다.

나의 2019년도 그러했다. 원래 계획대로라면 나는 제주도로 봄 여행을 갔을 것이고, 내년 총선의 해를 앞두고 방송 출연을 많이 했을 것이며, 좌담과 강연회에 다니느라 분주했을 것이다. 초겨울에는 중남미로 여행을 떠났을 것이다. 아이들을 키울 만큼 키운 우리 부부는 자유롭게 이곳저곳을 구경 다녔을 것이다. 그것이 나와 아내의 꿈이었고 설계였다.

그러나 갑자기 찾아온 사건으로 인해 모든 계획은 물거품이 되었고, 앞으로의 삶 자체가 크게 달라지게 되었다. 뇌종양이라는 무서운 병이 순식간에 내 몸을, 내 일상을, 내 삶을 덮쳐왔기 때문이다. 이 몹쓸 병이 내 삶에 가져다 준 영향은 단순하게 끝나지 않을 전망이다. 수술받고 몇 달 입원해서 치료하고 나면 다시 예전의 상태로 돌아가는, 그러니까 단순히 인생의 시간표가 조금씩 미루어지는 그런 모양새가 아닐 것 같다.

지금 겪고 있는 몇 가지 후유증이 앞으로 어디까지 회복될지 아직 알 수 없다. 1년 동안 재활치료를 받으면 증상의 몇 퍼센트까지 회복될 수 있는지 알 수 있다면 참고 기다리는 것이 그리 어렵지 않을 수 있다. 하지만 그건 아무도 알 수 없는 영역으로 남아 있다.

그러니 앞으로 내가 살아가는 생활방식에 대해 어떤 계획을 세우기 어렵다. 단 6개월 후의 내 상태가 어떠할지를 알 수가 없다. 시간이 약이 될지 아닐지는 가봐야 아는 일이다. 뇌종양 수술이 나의 삶을 지배하는 일대 사건이 되어버린 셈이다.

나는 과연 예전과 같은 삶을 다시 살 수 있을까?

버스 타고 먼 곳에 갈 수 있을까? 혼자서 도서관이며 카페를 돌아다닐 수 있을까? 예전처럼 방송에 출연하여 시사에 대해 얘기하고, 많은 사람들 앞에서 인문학 강의를 할 수 있을까? 아직은 아무것도 알 수 없다. 지금 이 시간만큼은 뇌종양 수술이라는 사건이 나를 지배하고 있는 것이다. 억울하지만 나는 병마의 포로가 되고 말았다.

물론 지금 벌어지고 있는 모든 일이 나의 의도와는 무관한 것들이다. 나는 내 머리 속에 종양이 자라고 있는지조차 알지 못했고, 재활병원에서 재활을 하게 될 줄도 몰랐다. 나에게 벌어진 이 모든 일이 나의 의사나 선택과는 무관한 것들이다. 그저 우연하게 생겨난 일로 내 삶이 달라지게 된 것이다.

평소 의지의 힘을 그렇게도 강조했는데, 내 인생이 고작 우연히 찾아온 병 때문에 순식간에 함락되고 만다면 너무 어이없는 일이 아닐까. 당신이라면 어떻게 하시겠는가. 우연이 만들어낸 엉뚱한 운명을 향해 탄식하며 욕을 해대겠는가, 아니면 순응하며 받아들이겠는가. 갑작스러운 병으로 인해 헝클어져버린 삶을 어떻게 추스르겠는가.

〈벤자민 버튼의 시간은 거꾸로 간다〉에서 벤자민은 시간을 거꾸로 가는 삶을 살면서 많은 사람을 만난다. 배를 타면서 만난 선장은 전쟁 중 총에 맞아 죽으면서 벤자민에게 이런 말을 남긴다.

"현실이 싫으면 미친 개처럼 날뛰거나 현실을 욕하고 신을 저주해도 돼. 하지만 마지막에는 결국 받아들여야 해."

아주 우연히 찾아온 뇌종양이라는 사건이 언제까지나 나를 지배하도록 항복할 생각은 없다. 나는 주어진 현실을 담담하게 내 것으로 받아들이고, 그에 맞추어 새로운 삶을 설계하고 살아나갈 것이다. 병마가 만들어낸 운명을 이겨낸다는 것이 그 현실을 욕하고 저주하고 탄식하는 것은 아니다.

내게 나쁜 병이 찾아왔을 때 "왜 하필이면 나입

니까?" "누구보다 열심히 살아온 나에게 이런 형벌을 내릴 수 있는 겁니까? 신이여, 어떻게 이렇게 무심할 수 있습니까?"라며 현실을 부정하는 것은 그 현실을 이겨내는 데 아무런 도움을 주지 못한다. 우연한 재앙이나 병마가 착한 사람은 피해 가고 나쁜 사람만 골라서 찾아가는 것이 아니다. 우리 인생을 흔들어놓는 재앙이나 병은 사람을 가리지 않는다. 그러니 너무 억울해할 일은 아니다.

결코 원하지 않았던 현실을 받아들인다는 것은 무엇일까. 그 현실이 어찌할 수 없는 것임을 인정하고 마음으로 받아들임을 의미한다. 그로부터 현실을 이겨낼 수 있는 힘과 지혜를 만들어갈 수 있다. 우연은 때로는 인생의 설계를 뒤흔들어 놓지만 결국 그것을 다시 정돈하고 바로잡는 것은 인간의 몫이다. 인간의 의지가 개입할 수 있는 지점이 바로 그곳이다.

그러고 보면 내가 계획한 것이든, 우연이 만든 것이든, 고정된 운명이란 없는 셈이다. 그러니 어떤 상황, 어떤 경우에서도 우리가 할 일은 여전히 많다. 패배의식 속에 모든 것을 내려놓지 않아도 되니 천만다행이다.

노력해도 안 되는 일에 대해

"어떻습니까?"

"계속 지금처럼 치료를 받아야겠습니다."

여전히 음식을 삼킬 수 없으니 계속 연하치료를 받아야 한다는 설명이다. 거의 2개월 만에 실시한 비디오투시 연하검사에서 이번에도 통과하지 못했다. 보톡스 시술로 식도를 막고 있던 괄약근을 이완시켜 열어놓은 상태에서 삼킴 연습을 계속했기에 어느 정도 기대를 가졌는데, 결과는 오히려 정반대였다. 괄약근이 닫혀 있어서 투여한 요거트가 식도로 내려가지 못했다고 한다. 보톡스를 맞은 효과가 일단 원점으로 돌아간 것이고, 자력으로 괄약근이 열리지 않고 있으니 보톡스 재시술을 검토해야 할 상황이 되어버린 것이다. 괄약근이 다소나마 열려서 요거트로 삼킴 연습을 했는데, 폐렴 위험 때문에 그마저도 중단되고 말았다.

수술로 생겨난 후유증 가운데 하나가 연하장애다. 음식물이 구강에서 식도로 넘어가는 과정에 문제가 생겨 음식을 제대로 섭취할 수 없는 증상을 의미한다. 쉽게 말하면 삼킴 장애로 이해하면 된다. 내 경우는 수술 이후부터 음식은 물론 물조차 삼킬 수가 없어서 튜브를 통해 유동식으로 식사를 하고 물도 마시고 약도 먹었다. 식도를 열어주는 괄약근이 막혀 있어서 삼킬 수도 없지만, 혹시 목으로 넘어가더라도 식도가 아닌 기도로 들어가게 되면 흡인성 폐렴에 걸리게 된다. 종양의 위치가 구강, 삼킴 관련 신경이 있는 연수에 맞닿아 있었던지라 수술 과정에서 불가피하게 이들 신경을 건드리게 되어 이런 후유증이 생겨난 것이다.

자기 입으로 음식을 먹지 못한다는 것은 사는 재미를 앗아가고 삶의 질을 크게 떨어뜨린다. 수술 이전 나는 미식가 행세를 했던 사람이다. 맛집을 찾아다니면서 맛있는 음식을 즐기는 일은 몇 안 되는 나의 낙 가운데 하나였다. 페이스북에도 종종 내가 들른 맛집을 소개하곤 했다. 그런데 수술 이후 반년이 넘도록 음식을 먹어본 적이 없다. 튜브를 통해 식도로 들어가는 유동식에서 무슨 맛을 느낄 수가 없다. 생존을 위한 영양과 칼로리는 공급되지만, 말 그대로 연명을 위한 식사일 뿐이다. 먹는 즐거움이 사라져버린 생활은 참 재미없다. 휴일날 아내와 함께 병원에서 외출을 하더라도 아무것도 먹을 수가 없다. 먹지 못하는 외출은 싱겁게 되어 있다.

병원에 입원하고 있으면서 아이스커피 생각이 간절했다. 그런데 마실 수가 없으니 입만 행구고 뱉어버리면 어떨까 생각하고 아내의 도움을 얻어 실행에 옮겼다. 병원 커피숍에서 아내가 아이스커피를 사서 내 입에 아주 조금씩 넣어준다. 그러면 나는 입에 머금고 몇 달 만에 느껴보는 커피의 맛과 향을 즐긴다. 그리고는 컵에 뱉어낸다. 혹시라도 실수해서 목으로 넘어가면 폐렴에 걸릴 위험이 있으니 매우 조심하며 하는 커피 가글이었다. 비싼 아이스커피를 사다가 가글을 한 셈이니 우리는 이를 '황제 가글'이라고 불렀다. 목으로 삼키지만 못하지 음료의 맛과 향은 그대로 즐길 수 있어서 얼마 동안은 황제 가글을 계속했다. 커피뿐 아니라 밀크티, 망고주스, 오렌지주스를 갖고도 가글을 해봤다. 병원에서는 목으로 넘어갈 위험이 있으니 권하지 않는 일인지라, 간호사들이 보지 않는 곳에서 몰래 그러곤 했다. 마치 선생님 몰래 담배라도 피우는 학생처럼. 물론 몇 번 그러다가 그만둬버렸다.

좀 구차하고 구질구질한 생각이 들어서였다. 그냥 마음을 비우고 다시 먹을 수 있는 날이 올 때까지 초연하게 참고 기다리기로 했다.

수술로 인해 삼키는 동작과 관련된 여러 기관의 신경과 근육이 마비되거나 기능이 저하된 상태였다. 이를 회복하기 위해 여러 훈련을 해야 했다. 혀를 회복하기 위해서는 혀 뽑기, 거울 보면서 혀 운동 하기, 껌 씹으면서 혀 운동 하기 등을 틈나는 대로 했고, 약해진 목근육 강화를 위해서 쉐이커 운동, 노래 부르기, 도레미파솔라시도 부르기, 가짜로 침 삼키는 운동, 풍선 불기 등을 했다. 크게 소리를 내야 하는 동작이 많아서 저녁이면 목이 쉬곤 했다. 다시 음식을 먹겠다는 일념으로 열심히 훈련을 했다.

하지만 괄약근은, 아니 그것을 움직이는 뇌신경은 나의 간절한 마음과 노력을 모르는지 쉽게 나아지지 않았다. 나는 살면서 노력이라는 행위를 중요하게 여겨왔다. 자신의 뜻을 이루기 위해서는 우선 노력해

야 한다는 것, 세상이 불공평하게 생각되더라도 그 탓
만 하고 있어서는 안 된다는 것이 나의 신조였다. 재
활에 대해서도 마찬가지였다. 노력한 만큼 회복되고
좋아지는 것이 재활이고 우리의 몸이라 생각했다. 그
런데 이 괄약근이라는 놈은 내 노력을 알아주지 않는
다. 노력할 만큼 했는데도 열리지를 않고 있다.

세상에는 노력해도 이루어지지 않는 일이 많
이 있다. 아무리 노력, 노력 강조해도, 노력으로 병마
를 이기는 것이 어디까지 가능한가라는 근본적인 질
문을 피할 수가 없다. 노력으로 병마를 이겨낼 수 있
다면 병으로 죽는 사람들이 왜 있겠는가. 세상의 다
른 일도 마찬가지다. 열심히 노력했는데도 이루지 못
하는 일이 사실은 많다. 세상이 불공정해서 그럴 수
도 있고, 운이 없어서 그럴 수도 있다. 물론 자신의 노
력이 부족해서 그럴 수도 있다. 이유가 무엇이든 간에
노력해도 안 되는 일 앞에서 우리는 어떤 태도를 가
져야 할 것인가. 노력해도 열리지 않는 나의 괄약근을

두고 내가 감당해야 했던 질문이었다.

　물론 간절히 기대했던 것과 다른 결과가 나왔을 때, 사람이라면 낙담하지 않을 도리가 없다. 나도 그랬다. 이러다가 평생 음식을 못 먹는 게 아닌가, 겁이 나기도 했다. 하지만 낙담이 절망으로 이어질 일은 아니다. 받아들임이 필요하다. 내가 최선을 다했음에도 내 노력이나 힘으로 어찌할 수 없는 것이라면, 그 결과를 있는 그대로 받아들이는 수밖에. 설혹 나의 괄약근이 끝내 열리지 않아 평생 튜브로 유동식을 먹고 살게 된들 어떻게 하겠는가. 원망도 절망도 걸러내고, 주어진 결과에 승복하며 살아갈 일이다. 불필요한 마음의 부대낌 대신, 그조차도 다스릴 수 있는 마음의 지혜가 필요하다.

어떻게든 내 발로 걸어가는 인생

재활병원에는 장기 입원하는 환자들이 많아서 환자들이 지치지 않도록 외출과 외박 제도가 있다. 보호자의 요청이 있으면 매달 정해진 횟수 이내에 집에 다녀올 수가 있다. 수술하러 집을 나선 지 꼭 다섯 달 만에 집이 그리워서 잠시 집에 들렀다. 겨울 옷을 입고 입원했는데 어느덧 한여름이 되고 말았다. 종양만 제거하면 얼마 후에 집에 오는 줄 알고 집을 나섰는데 이렇게 오래되고 말았다.

이 날은 처음으로 휠체어를 차에 싣지 않고 집으로 향했다. 차에서 내려 집 현관문을 들어서는 순간, 여러 감회가 교차했다. 아, 내 발로 걸어서 집에 들어가는구나. 조심해서 걸어 다녀야 하는 상태지만, 한동안 앉기만 해도 실신하던 때를 생각하니 걸어서 집에 들어가게 된 것이 얼마나 다행인가 하는 생각이 들었다. 아내는 내가 살아서 다시 집에 발을 디딘 것이 무척 반가웠나 보다. "집에 오니까 좋아?" 몇 번을 물었다.

사실 병원에 있으면서 집에 다녀오는 것에 대해 특별한 기대 같은 건 없었다. 그 집이 그 집인데 뭐 특별히 새로울 게 있겠나, 그렇게 생각했었다. 아직 입으로 음식을 먹지 못하니 아내가 차려주는 집밥조차 먹을 수가 없었다. 대신 집에 가면 꼭 하고 싶은 일이 있었다. 나무가 우거져 있는 아파트 뒷길을 걸어서 탄천길로 내려가 산책을 한 뒤 동네를 한 바퀴 도는 것이었다. 입원하기 전에는 흔하게 하던 일상인데, 어느

새 추억이 되어버리고 말았다. 그 길을 걸으면 마치 그때의 건강을 되찾은 느낌이 들 것 같았다.

마침 무더운 날이었다. 아직 기립성 저혈압 때문에 강한 햇볕 아래 있으면 어지러울 때가 종종 있었다. 그래서 아내는 해가 약해진 시간에 밖으로 나가자고 나를 붙잡아두었다. 반바지에 운동화 차림으로 산책을 나서니 마치 아무 일도 없었던 사람 같았다.

아파트 뒷길로 가서 본격적으로 걷기 시작하려는데 살짝 어지러움이 느껴졌다. 그럴 때는 혹시라도 쓰러질 위험이 있으니 일단 앉아서 쉬거나 몸에 피가 잘 돌게 다리를 들어주어야 한다. 그날은 무더위 때문인지 이상하게도 조금만 걸어도 어지러움이 반복적으로 느껴져서 조금 걸어가다가 벤치가 나오면 앉기를 반복했다.

"이상하다. 병원 운동실에서는 7층 옥상까지 계단으로 걸어 올라가는 사람인데."

마치 자존심이라도 상한 듯이 나는 의아하다는

말을 계속했다. 그러면 아내는 내가 사기를 잃을까 봐 걱정해서인지, "날이 무더우면 혈관이 확장되어서 저혈압이 심해질 수 있어. 그래서 무더운 날에는 조심해야 해"라며 좀더 의학적인 설명을 내놓았다.

조금씩 걷다 쉬다를 반복하다 보니 몸이 풀렸다. 한번 몸이 풀려서 피가 원활하게 돌면 거침없이 걸을 수 있다. 그래서 탄천길을 한참 걷고는 다시 동네 한바퀴를 돌았다. 내가 잘 걷고 있을 때도 아내는 옆에서 계속 물어본다.

"안 어지러워?"

"응. 괜찮아."

"어지러우면 바로 말해. 벤치 없으면 그냥 바닥에 앉으면 돼."

실제로 그 전 주 일요일에 외출 나가서 〈기생충〉을 보러 영화관에 갔을 때 그랬었다. 정말 오랫만에 영화관에 가니 낯설어서 적응이 필요했다. 조금은 힘들게 두 시간여 동안 앉아 영화를 보고 밖으로 나오니 햇살이 눈부시게 비치고 있었다. 워낙 오랫동안 실내 생활을 해서 갑자기 눈부신 곳에 나오면 적응이 안돼 어지러울 때가 있는데 그날도 차를 타러 지상 주차장에 들어섰다가 어지러움을 느꼈다. 아내는 빨리 주차장 바닥에 앉으라고 했고 나는 곧바로 그렇게 했다. 지나가던 사람이 봤으면 무슨 일이 났나 생각했을지도 모르지만, 그건 내 몸을 지키기 위한 나의 생존법이다. 나는 뇌수술을 했기 때문에 혹시라도 쓰러져서 머리를 다치면 다시는 일어나지 못하게 된다. 그러니 조금이라도 느낌이 이상하면 주저하지 말고 바닥에 주저앉아 스스로를 보호해야 한다. 그런 나를 보고 아내는 "잘했어!" 하며 한술 더 뜬다.

집에 갔다가 탄천길을 걷던 그날도 한동안은 걷다가 벤치에 앉기를 반복하며 앞으로 나아갔다. 그러다가 몸이 풀려 발동이 걸리니까 걷고 싶었던 길을 결국 다 걸었다.

내가 그날 걸은 길이 흡사 우리의 인생살이와 닮

았는지도 모르겠다는 생각이 들었다. 어떤 사람은 출발부터가 쉽다. 그래서 남보다 앞서서 나아갈 수 있다. 다만 그가 가고자 했던 곳까지 갔는지는 나중에 가봐야 아는 일이다. 하지만 출발이 어려운 사람들이 있다. 어려운 환경 탓에 늦게 출발하고 좀 더디게 나아간다. 그렇더라도 쉽게 포기하지 않는다면 끝내는 가고자 했던 곳까지 갈 수 있을 것이다.

조금 걷다가 앉아서 몸을 풀기를 반복했던 것은 더 멀리 걷기 위한 나의 방법인 셈이다. 그렇게 해서 나는 결국 그날 가고자 했던 곳까지 걸어갔다. 휠체어 없이 온전히 내 두 다리로. 그러면 된 것 아닌가. 나는 그렇게 걸으면서 인생을 다시 배우고 있다.

2부

좋은 삶이란 무엇인가

불 꺼진 병실에도 행복은 찾아온다

언젠가 정신과 전문의 정혜신 박사의 인터뷰 기사를 읽다가 이런 구절이 눈에 들어왔다.

"지금이 평화 시라고 느껴지지 않아요. 길을 걸어가다가 아무나 붙잡고 '지금 마음이 어떠세요?'라고 물으면 열에 여덟은 눈물을 갑자기 뚝뚝 흘릴 수 있는 게 지금 우리의 일상이에요."

과장된 말은 아닐 것이다. 다들 겉은 멀쩡해 보이

지만 속으로는 병들고 아프고 상처받은 마음들 투성이다. 다들 아픈 마음을 숨기고 있을 뿐이다. 가진 것이 많은 사람은 많은 대로, 가진 것이 적은 사람은 또 적은 대로 힘들어 하고 있다. 가진 사람은 가진 것을 지키고 늘려가기 위해서, 없는 사람은 없는 것이 고달파서 힘들다.

모두가 힘들어 한다. 나이 들어갈수록 우울해 한다. 사실은 우리 대부분이 우울증을 앓고 있는지도 모른다. '갱년기'라는 의학적 처방은 나이가 들면 우울함을 피할 수 없는 것이라는 위안을 주기 위해 만들어진 것인지도 모른다. 도대체 우리는 왜 이렇게 힘들게 살아가고 있는 것일까. 왜 이렇게 우울해 하는 것일까.

물론 우리 사회를 먼저 탓할 수 있다. 끝 모를 경쟁을 요구하고 있는 이 사회는 우리에게 좀처럼 쉴 틈을 주지 않는다. 세상에 태어나 입시전쟁, 취업전쟁을 치러야 하고, 이어서 가족을 부양하는 무거운 짐을 어

깨에 짊어져야 하고 은퇴한 이후에는 노후를 감당해
야 한다. 생의 어느 대목에서도 휴식을 허락하지 않는
세상을 우리는 살고 있다. 아무리 강한 사람이라도 지
치지 않을 도리가 없다.

　　우리를 더욱 힘들게 하는 것은, 그러한 분투의 결
과가 노력한 대로 나오지 않는 현실이다. 경쟁의 승자
들이야 세상을 독식하며 살아가지만, 경쟁에서 낙오
한 많은 사람들은 패자라는 굴레에서 벗어나기가 어
렵다. 경쟁에서 패했다는 사실은 사회적 낙인이 되고
자기 자신에게 상처로 남는다. 그런데 그 경쟁의 출발
선이 애당초 공정하지 못했다는 생각이 들 때 세상에
대해 나는 불복하게 된다. 나는 열심히 노력했지만 출
발선에서의 격차를 뒤집기는 역부족이었다. 나의 낙
오는 내 탓이 아니라 세상의 부조리함 때문이라는 불
복의 심리가 마음에 뿌리내릴 때, 세상과 나는 화해할
수 없게 된다. 그러한 세상에서 살아가야 하는 나는
우울할 수밖에 없다.

나이 들어 나타나는 우울함은 많은 경우 지나온 삶에 대한 결핍에서 비롯되는 경우가 많다. 그동안 가족을 위해 열심히 살아왔건만, 비로소 눈을 나에게로 돌려보니 속이 텅 비어 있는 자신을 발견하게 된다. 꿈도 많았고 하고 싶은 것도 많았던 젊은 시절의 내 모습은 사라지고 없다. 그동안 살아오면서 가족이며 주변 사람들로부터 얻은 것도 많았지만, 그것이 잃어버린 나를 되찾아주지는 못한다. 이제 와서 내가 무엇을 다시 할 수 있단 말인가. 이러한 결핍감은 불성실하게 살아온 사람보다는 성실하게 살아온 사람의 가슴에 더 깊은 상처 자욱을 남긴다는 점에서 역설적이다.

사실상 가장 깊은 우울함은 그 이유를 찾을 수 없는 경우가 많다. 그냥 서럽고 눈물이 나는 경험을 해보지 않았던가. 이유 없이 눈물이 흐르고 살아온 시간이 허망하게 느껴진다. 우리의 심연 속에는 나 자신도 의식하지 못했고 드러내지 못했던 서러움과 억울

함의 정서가 쌓여 있다.

　김동규 박사는 우리를 휘감는 우울함에 대해 이렇게 설명한다.

　"예부터 전해 내려온 멜랑콜리의 대표적인 증상은 이유 없는 슬픔이다. 이유를 알 수 없기에, 슬픔은 배가되고 애도작업은 실패하기 일쑤다. 이유를 알 수 없는 것은 묘한 불안을 동반한다. 아니 애초부터 불안 개념 안에는 이유 없음이 내장되어 있다. 학자들의 구분법에 따르면 공포는 그것을 불러일으킨 대상이 분명한 반면 불안은 그 대상을 알 수 없다. 불안이 분명 일어났건만, 그것을 야기한 대상은 전혀 보이지 않는다. 결국 슬픔이 도무지 어디에서 왔는지 알 수 없기 때문에 답답한 불안이 슬픔에 더해져 멜랑콜리를 이루는 것이다."(김동규, 『멜랑콜리아』)

　우리는 이 알 수 없는 슬픔조차 이겨내고 이제라도 행복을 찾아갈 수 있을까. 나는 병상에서 많이 생각했다. 나는 지금 몸에 장애가 생기고 사회적 삶이 단절되었으니 슬픈가, 아니면 가족들의 더없는 사랑을 받고 있으니 행복한가. 여전히 행복에 대한 꿈을 버리지 않겠다면 이제 그 힘은 어디에서 가능할 것인가.

사람마다 행복의 색깔은 다르다. 톨스토이는 『안나 카레니나』를 시작하면서 "행복한 가정은 모두 고만고만하다"고 했지만, 막상 행복의 의미는 사람마다 크게 다르다. 어떤 사람들에게 행복은 대단한 것을 가져야만 이루어지는 성취의 대상이다. 많은 재산, 높은 지위나 권력, 화려한 명예같이 자신의 욕망이 채워져야 행복을 느끼는 사람들이 있다. 선거에서 당선되려는 정치인들의 치열한 경쟁, 어지간히 돈을 벌어서는 만족할 줄 모르는 탐욕, 갑질 행세를 해서 자신의 우월한 지위를 보여줘야 직성이 풀리는 사람들이 있다.

쇼펜하우어가 "세계는 바로 지옥"이라고 했던 이유는 만족할 줄 모르는 인간의 끝없는 욕망의 허망함을 지적한 것이었다. 하지만 외형적인 성취를 거둔 삶이라고 해서 내면이 행복한 것은 아닐 게다. 아무리 부와 권력과 명예를 거머쥐었어도 끝없는 불안과 탐욕의 굴레에 갇혀 피폐한 삶을 사는 경우도 많다.

평범한 일상을 성실하게 살아가고 있는 우리에게 행복이란 그리 거창하고 대단한 게 아닐 수 있다. 그저 소박하게 자기만의 소소한 기쁨을 느끼며 마음 편히 살아갈 수만 있다면 그것이 곧 행복이라 말해도 과장된 말은 아니다.

무라카미 하루키가 수필집 『랑겔한스섬의 오후』에서 말한 '소확행小確幸'은 고작 백화점에서 속옷을 대여섯 장씩 사 모으는 것이다.

"서랍 안에 반듯하게 접어 돌돌 말은 깨끗한 팬티가 잔뜩 쌓여 있다는 것은 작기는 하지만 확고한 행복의 하나(소확행)가 아닐까 생각하는데, 이건 어쩌면 나만의 특수한 사고 체계인지도 모르겠다."

"또 런닝셔츠도 상당히 좋아한다. 막 새로 산 정결한 면 냄새가 퐁퐁 풍기는 하얀 셔츠를 머리에서부터 뒤집어쓸 때의 그 기분이란 역시 소확행의 하나이다."

이렇게 하루키는 깨끗한 속옷을 잘 쌓아두고 입는 것에서 일상의 행복을 느낀다고 말한다. 세계적인 작가가 느끼는 행복의 크기가 너무도 소소하다고 생각되지 않는가. 하지만 작은 행복을 맛보는 즐거움이 거저 생기는 것은 아니다.

하루키는『이렇게 작지만 확실한 행복』에서 이렇게 말한다.

"생활 속에서 개인적인 '작지만 확실한 행복'을 찾기 위해서는 크든 작든 철저한 자기 규제 같은 것이 필요하다. 예를 들면 꾹 참고 격렬하게 운동을 한 뒤에 마시는 차갑게 얼린 맥주 한 잔 같은 것이다. '그래, 바로 이 맛이야!' 하고 혼자 눈을 감고 자기도 모르는 새 중얼거리는 것 같은 즐거움, 그건 누가 뭐래도 작지만 확실한 행복의 참된 맛이다."

하루키의 말처럼, '소확행'은 힘들고 어려운 과정

을 거친 사람이 맛보는 즐거움이다. 힘들고 어려운 과정이 있었기에 그 행복이 '확실한' 것으로 느껴지는 것이다. 성실한 삶의 태도를 가진 사람이라야 비로소 자기만의 행복을 누릴 수 있는 셈이다.

　나 또한 언제부터인가 소소한 행복을 즐기기 시작했다. 지난날 너무 오랫동안 '시대'와 '일' 속에서 '나'를 잊고 살아서였는지, 나이가 들고 나서는 나만의 소소한 즐거움을 느끼는 것이 좋았다. 빵 구운 냄새가 가득한 베이커리 카페에 들어가 커피와 빵을 옆에 놓고 노트북을 열 때, 한가한 주말 클래식 카페를 찾아가 음악을 듣는 여유를 부릴 때, 모두가 잠들어 있는 새벽 시간에 좋아하는 책을 펴고 한두 페이지 읽을 때, 남들은 다들 출근하는 평일 아침에 바다를 보러 떠나는 자유로움을 누릴 때, 처음에는 작아서 답답했던 동네 목욕탕이 점차 친숙하게 느껴질 때, 소용돌이치는 세상 속에서는 경험하지 못했던 '소확행'을 느끼곤 했다.

지난 시간 동안 거대한 담론에 매달려 살아왔다면, 그 길에서 우여곡절의 회한이 많았다면, 소확행의 기쁨은 농도가 짙어진다. 나는 지금 오랜 병상생활을 하고 있는 처지지만, 다른 환자들이 모두 잠든 불 꺼진 병실에서 혼자 글을 쓰고 음악을 들으면서 나만의 소소한 행복을 누린다. 누가 들으면 미친 객기라고 할지 모르겠지만, 행복이란 타인의 승인을 거치는 것이 아니다.

큰돈을 버는 것도 아니고, 내 존재감을 세상에 알리는 것도 아닌데, 그런 데서 행복을 느낀다는 말에 공감하지 못할 사람들이 많을 것이다. 그러하기에 그것은 나만의 행복이다. 그것은 보편적인 행복이 아니다. 내가 만들고 내가 맛보는 행복이다. 행복이란 것이 내 마음속에 달려 있다고 말하는 이유가 그것이다. 내가 무엇에서 즐거워하고, 무엇에서 기쁨을 느끼는지, 나조차 잊고 살았던 것들을 되찾으며 그것을 만끽하는 데서 나의 행복 만들기는 다시 시작된다.

장 자크 루소의 『고백록』을 보면 그의 삶에서 가장 행복했던 시간에 대한 고백이 나온다. 그를 돌봐주고 사랑하기도 했던 바랑 부인과 함께 보낸 시간은 루소의 삶에서 행복의 절정을 이룬다.

"해가 뜨면 일어나니 행복했다. 산책을 하니 행복했다. 엄마를 보니 행복했고 그녀 곁에서 물러나니 행복했다. 숲과 언덕을 두루 돌아다녔고 골짜기를 떠돌아다녔으며, 책을 읽었고, 빈둥거렸으며, 정원을 가꾸었고, 과일을 땄으며, 살림을 도왔는데 행복은 어디서나 나를 따라다녔다. 행복은 무엇이라고 꼬집어 말할 수 있는 어떤 것에 있는 것이 아니라 완전히 내 자신 안에 있어서 단 한순간도 나를 떠날 수 없었다." (장 자크 루소, 『고백록』, 6권)

여기서 행복은 어떤 목표에 대한 성취의 결과가 아니라 내 존재 자체에서 나온다. 자신의 존재를 느끼고, 그 존재가 행복하다는 것을 느끼는 것이야말로 루소에게는 최고의 삶이었던 것이다. 반대로, 자신의 존재감을 타인의 시선과 평판에서 찾는 사람은 진정한 행복을 느낄 수가 없다. 이렇듯 루소에게 행복은 자기 내부에 존재하는 것이었다.

이제라도 새로운 행복 만들기에 나설 수 있지 않을까. 지나온 삶이 공허하고, 어차피 마지막에는 바스러질 삶이 허망하게 생각된다 해도, 내가 스스로 만든 행복을 경험하는 지금의 시간은 얼마나 소중하겠는가. 그 모의를 방해하는 것이 나타난다면 반란을 일으켜서라도 말이다. 오직 나만 생각하고 나만을 위한 시간을 갖는 것, 그것은 이기적인 것이 아니라 내 삶을 충만하게 만들기 위한 당연한 요구이다. 그런데도 왜 그리 피해의식에 갇혀 주저했는지… 우리 모두 내 삶의 행복을 쟁취하기 위한 삶의 혁명가가 되자.

나 또한 아직 병에서 벗어나지 못하고 있지만, 소소한 행복에 대한 꿈을 포기할 생각이 없다. 몸이 아직 불편해도, 그래서 내가 처한 조건과 환경이 달라졌어도, 정작 나의 내면은 달라진 것이 없다. 그러니 나만의 행복 만들기를 포기할 이유가 없다. 이렇게 병실에서 글을 쓰는 것도 나만의 행복이다. 고통 속에서도 행복은 이렇게 자라나고 있다. 불 꺼진 병실에서도.

존경받는 인간이 된다는 것

당신은 어떤 사람이 되고 싶은가요? 아이를 잘 키우는 부모, 돈을 많이 버는 사람, 사회적으로 높은 지위를 가진 사람, 세상의 존경을 받는 사람…. 저마다 다양한 삶의 목표를 갖고 있겠지만, 대체로 사회적 지위에 대한 욕구는 공통적인 듯하다.

과연 높은 자리에 올라 아랫사람도 많이 거느리고 돈도 많이 벌면 성공한 인생일까. 굳이 그것은 성공이 아니라며 삶의 성공 가치는 다른 곳에 있노라고 고상한 얘기를 늘어놓을 이유는 없다. 다만 그것만으로 채워지지 않는 무엇이 있다는 것은 생각할 필요가 있다.

스탕달의 소설 『적과 흑』은 가난한 집에서 태어났지만 열정적이었던 쥘리엥 소렐의 야망과 사랑, 그리고 파멸을 그린 작품이다. 중심 줄거리는 출세하기 위해 사제가 되려는 꿈을 가진 쥘리엥과 두 여인의 사랑 얘기지만, 단순한 애정 소설은 아니다. 귀족 집안의 레날 부인, 그리고 마틸드와의 사랑은 신분 상승을 위한 쥘리엥의 욕망과 맞물려 있다.

쥘리엥은 신분 차이를 넘어 마틸드와 결혼을 앞두고 있었다. 그때 예전에 사귀었던 레날 부인이 마틸드의 아버지인 후작에게 편지를 보내면서 쥘리엥은 곤경에 처한다. 격분한 쥘리엥은 레날 부인을 찾아가 총을 쏘고, 결국 사형선고를 받게 된다. 죽음을 눈앞에 두고서야 쥘리엥은 자신이 가졌던 욕망에 대해 토로한다.

"만일 내가 나 자신을 멸시한다면 내게 무엇이 남겠습니까? 나는 한때 야심에 차 있었지만 그 점에 대해 자책하고 싶지 않습니다. 그때는 시대의 조류에 따라 행동했던 것입니다."

그의 욕망은 19세기 프랑스 사회의 욕망이었다. 쥘리엥은 출세의 욕망을 가졌지만 귀족사회의 모습을 지켜보며 누구보다 혐오했던 인물이었다.

"나는 진실을 사랑했다. … 그 진실은 어디에 있는가? … 도처에 위선뿐이다. 그렇지 않으면 적어도 협잡뿐. 가장 덕망 높은 사람들에게도, 가장 위대한 인물들에게도, 그리하여 그의 입술에 역겨움의 표정이 떠올랐다. … 그렇다, 인간은 인간을 믿을 수 없다."

쥘리엥은 단지 욕망에 눈먼 비루한 인물은 아니다. 그는 누구보다 강한 자존심을 가진 인물이다. 귀족들을 보며 야망을 불태우면서도, 여인과 사랑을 하면서도 자존심을 건 줄타기를 한다. 사랑과 야망, 자존심이 뒤섞인 심리 묘사가 탁월하다.

결혼을 하려다가 쥘리엥을 잃은 마틸드는 시신이 있는 곳을 찾아가 그의 이마에 입을 맞춘다. 쥘리엥이 진정으로 사랑했던 레날 부인은 그가 죽은 지 사흘 후, 자녀들을 껴안은 채 세상을 떠났다.

"존경받는 사람들이란 다행히도 현행범으로 붙잡히지 않은 사기꾼들일 뿐이다. 사회가 내 뒤를 쫓으려 보낸 고발자도 수치스러운 짓으로 부자가 되었을 뿐이다. … 나는 살인을 저질렀다. 그러니 나는 당연히 사형이다. 하지만 그 행위만 제외하면 나에게 유죄 판결을 내린 발르노 같은 인간은 나보다 백배는 더 사회에 유해한 인간이다."

사형을 앞둔 쥘리엥이 남긴 말이다. 그는 신분 상승의 야망을 가졌지만, 결국 그 사회에 대한 혐오를 토하며 죽었다. 우리는 어떠한가를 생각하게 만드는 작품이다. 자신이 혐오하는 사회에서 신분 상승을 이루고자 욕망했던 쥘리엥의 삶은 애당초 비극적일 수밖에 없었다. 그처럼 강한 자존심을 가진 인물이 그 사회에서 성공한다고 과연 행복할 수 있었을까.

　오늘 우리 주변에도 쥘리엥들이 많다. 한편으로는 지금 살고 있는 사회가 갖고 있는 부조리와 허위에 환멸을 느끼면서도, 다른 한편으로는 자기도 사다리를 타고 높이 올라가려는 모습을 도처에서 목격한다. 정의감과 욕망이 내면에서 교차한다. 자기가 사는 사회를 혐오하기에 성공함으로써 거기서 벗어나려 하지만, 결국에는 자신도 혐오의 대상이 되고 만다. 많은 사람들이 그래왔고, 그러면서 자아 분열을 겪기도 했다. 그래서 동서고금을 막론하고 사회 속에서 인간의 삶은 종종 비극적이었다.

　이제 내가 서 있는 곳은 어느덧 세상의 저 끝 언저리가 되었다. 나는 어느덧 이 사회에서 잘나간다는 사람들과는 다른 세상의 사람이 되었다. 진작에 마음먹었다면 그런 사람들과 같은 세상에서 호형호제하며 한 무리가 되어 살아갈 기회는 있었지만 굳이 그런 삶을 원하지 않았다. 그래 가지고는 내 모습대로 살 자신이 없었다. 그래서 그냥 세상과 적당한 거리를 두고, 너무 뜨겁지도 않으며 그렇다고 너무 차갑지도 않은 체온을 유지하면서 혼자서 세상을 관조해왔다. 승자의 진영에 편입하면 누리게 되는 이득이 얼마나 큰지, 다른 사람들의 예를 보고 익히 알고 있었지만 거기에 끼려고 조바심친 적은 한번도 없었다.

우리 삶의 딜레마는 이런 것이다. 고독 없이는 자기를 지키는 자유는 불가능하다. 한쪽에는 고독을 수반하는 자유의 삶이 있고, 다른 한쪽에는 무리 짓는 성공의 삶이 있다. 고독을 수반하는 자유가 아니면 자유가 없는 성공이 있을 뿐이다. 대부분은 두 번째 길을 선택한다. 첫 번째 길은 고집스러운 소수 사람들만 간다. 나는 언제부턴가 첫 번째 길을 걸었다. 나는 그 길이 어울리는 사람이었다. 나는 그저 나로서 살아왔다. 나는 끝까지 '나'이고 싶었다.

그렇지 않아도 이제 나는 자기를 돌보는 자기 배

려의 삶을 살게 되었다. 건강을 완전히 회복하기 위해 상당 기간 더 노력해야 할 내가 자신에게 집중하는 것은 자연과 생명의 순리이다. 그 과정에서 세상과 더욱 거리를 두게 될 것이다. 세상의 한복판이 아닌 멀리 떨어진 곳에서 세상을 바라보는 삶을 살게 될 것이다. 서재에서 책을 읽고 글을 쓰며 조용히 자신을 들여다보면서 늙어가는 조용한 삶 말이다. 반드시 아파서가 아니라, 애당초 내가 그렸던 말년의 삶이 그런 모습이었다. 자기로 태어나서 세상으로 나갔다가 마지막에 다시 자기로 돌아오는 삶의 순리를 온전히 받아들일 생각이다.

그것은 세상 사람들이 부러워할 만한 삶이 아니다. 세상은 혼자서 살아가는 조용한 삶에 눈길을 주지 않는다. 하지만 조금도 섭섭해하거나 아쉬워할 일은 아니다. 세상이라는 무대 위에 서는 화려한 주인공으로 살아가는 삶이 꼭 존경받는 삶을 의미하는 것은 아니다. 쥘리엥이 말한 '현행범으로 붙잡히지 않은 사기

꾼들'은 아닐지라도 사회적 성취라는 것이 반드시 그 사람이 존경받아야 할 이유가 되지는 않는다. 여러 겹의 겉모습을 벗겨내지 않고서는 알 수 없는 것이 인간의 참 모습이다. 존경은 인간들 사이의 마음이다. 그 마음은 재물이나 권력의 정도에 비례하는 것은 아니다. 사람의 마음을 움직이는 것은 진실이라는 얼굴을 갖고 있다.

우리는 흔히 시대의 영웅을 존경하는 습관을 갖고 있다. 세상 사람들이 칭송하니까 함께 존경하는 습관에는 나의 진실이 제대로 자리하고 있지 못하다. 굳이 영웅이 아니고 거인이 아니어도, 내 주변에는 내 마음을 움직이게 하는 사람들이 있다. 높은 계급장 한 번 달아본 적 없지만 내 진심을 움직이는 사람이 있다면 나에게는 그가 작은 영웅이다. 남편이 아내를, 자식이 부모를, 후배가 선배를 믿고 존경할 수 있다면, 거기에는 남들 따라 존경하는 유행이 아니라 나의 진심이 담겨 있을 것이다.

그동안 우리의 시선은 세상의 한복판에 놓인 화려한 무대만을 향해왔다. 이제는 내 곁에 있는 사람들에게로 눈을 돌리는 게 어떨까. 세상의 중심에서 잘나가는 사람들을 향해 숱한 화이팅을 외치기에 앞서, 고락을 같이해온 내 옆지기의 손을 한번 잡아주는 것이 더 소중한 일이 아닐까.

이제 내 삶은 세상으로부터 뒤로 한발 더 물러서 있게 될 것이다. 나의 시선도 내 곁에 있는 사람들로 많이 향하게 될 것이다. 결국 생의 마지막 순간까지 함께 살아갈 사람은 내 곁을 지켜주는 사람들이다. 밀물처럼 왔다가 썰물처럼 빠져나가는 존경의 언어들보다, 함께 사는 사람들에게 받는 신망은 비할 바 없이 깊은 것이다. 먼 곳에서 진리를 찾으려 할 것이 아니라, 가까운 곳부터 살필 줄 아는 삶이 곧 진실이다.

모두에게 맞는 정답은 없다

병원에 입원하고 있던 중에 내 페이스북의 프로필을 바꾸었다.

"큰 수술을 하고 몇 달째 입원 중. 다시 일어서면 크지 않은 작은 삶, 무겁지 않은 사소한 삶을 꿈꾸고 있음. 소소한 것이 자유롭다."

앞으로 내가 살고 싶은 삶이다.

나는 말 그대로 죽다가 살아났다. 정확히 표현하

자면 죽음의 문턱까지 갔다가 돌아온 셈이다. 죽다가 살아났으니 두 번째 삶을 살게 된 것이다. 제2의 인생이다. 내 몸이 다시 걸음마부터 시작하며 새로 태어났듯이 앞으로의 삶 역시 새로 시작하는 것이 된다.

레프 톨스토이가 『참회록』을 완성한 때가 그의 나이 52세 되던 해였다. 톨스토이는 이 책에서 그때까지 살아온 자신의 삶에 대해 근본적으로 참회한다. 그는 자신이 완성이라고 생각했던 것의 허상을 고백한다.

그리고 나는 이 모든 것을 완성이라고 생각했다. 물론 도덕적 완성이 모든 것의 출발점이었지만, 그것이 곧 일반적 완성으로 바뀌어버렸다. 즉, 자기 자신 앞이나 신 앞에서 더 훌륭해지려는 욕망이 아니라 다른 사람들 앞에서 더 훌륭해지려는 욕망으로 바뀌었던 것이다. 그리고 사람들 앞에서 더 훌륭해지려는 이 갈망이 다른 사람들보다 더 강해지려는 욕망, 즉 다른 사람들보다 더 명예롭고, 더 중요하고, 더 부유해지려는 욕망으로 재빨리 바뀌어 버렸다.

톨스토이는 "나는 왜 사는가? 무엇을 구하는가?"라는 삶의 의미에 대해 스스로 던진 질문의 답을 찾을 수 없었다. "그런데 나는 전혀 아무것도 답할 수 없었다"고 그는 고백한다. 19세기를 살았던 톨스토이의 고뇌는 오늘 우리의 그것과 다르지 않다.

중환자실에서 깨어났을 때 나는 새로 태어난 느낌이었다. 생과 사의 기로에서 나는 그렇게 집착하며 살아왔던 많은 것이 사실은 부질없음을 생각했다. 살아 있음을 확인한 순간 본능적으로 떠오른 생각이었다. 많은 것을 내려놓고 싶다는 생각은 지난 삶이 그만큼 무거웠다는 의미가 된다. 역사에 눈뜨고 시대를 고민하면서, 그리고 그 한복판에서 실존의 고민을 하면서 삶이 무거워졌다.

그렇다고 그 이유가 전부였을까. 나 자신을 옥조이며 삶을 버겁게 만든 것들이 있었다. 톨스토이가 참회했듯이 '다른 사람들 앞에서 더 훌륭해지려는 욕망'이 그것이었다. 물론 나는 정의로운 삶을 살고자 했다. 아무리 어려워도 불의와는 타협하지 않는 삶을 살아왔다고 자부해왔다. 그러나 정의로움 뒤에 나의 숨겨진 욕망이 있었음을 발견하곤 했다. 때로는 '나는 정의롭다'는 당당함조차 자신의 욕망과 뒤섞일 수 있다. 나는 정의로우니 남들과 다른 사람이라는 선민의식이 또 다른 집착에 갇히게 만든다. 무한 욕망이 지배하는 사회를 그렇게 비판해왔건만, 자신은 남들과 다른 존재로 돋보이고자 하는 욕망에 다시 사로잡히게 된다. 특히 진보임을 자처했던 많은 사람들이 흔히 빠지는 함정이 그런 우월의식이었다. 나 자신은 그로부터 얼마나 자유로웠던가를 돌아보게 된다. 그런 욕망이 마음 한구석에 남아 있었다면, 이제는 그조차도 내려놓을 때가 되었다. '보여주기 위한 정의'는 진실이 아니다.

카뮈의 『전락』에는 변호사 클라망스가 주인공으로 등장한다. 그는 약한 사람들을 위해 일하는 정의롭고 친절한 변호사였다. 하지만 클라망스는 그런 자신의 모습이 '범속한 야망보다 더 높은 곳'에 도달하려는 욕망의 결과였음을 고백하며 참회한다. 그는 "나의 마음속에서나 다른 사람들 사이에서 높은 곳으로 올라가 환하게 불을 켜놓았다. 그러면 즐거운 찬양이 나를 향해 떠오르곤 했다"고 말한다. "그렇게 해서 적어도 나는 내 인생과 나 자신의 우월성에 기쁨을 느끼고 있었던 것"이라고 클라망스는 털어놓는다. 약자들을 위해 일하는 유명 변호사의 선행조차 우월감이라는 욕망의 표현임을 읽게 된다. 세속적인 욕망 덩어리를 내려놓았지만 또 다른 것에 대한 집착에 갇혀 사는 모습이 되고 말았다.

언제나 승자의 진영에 편입되려고 안달하는 사람들을 많이 보았다. 그런 사람들이 출세하는 모습도 많이 보아왔다. 물론 나 자신은 그러한 삶으로부터 거리를 두었다고 생각하지만, 그들에 대한 시기와 질투를 가졌던 것도 사실이다. 그러한 변신이 너무도 잘 먹히는 세상의 얄팍함에 냉소를 보내기도 했다.

하지만 어처구니없을 정도로 약삭빠른 변신과 그것이 먹히는 세상이 볼썽사납더라도, 굳이 그런 광경에 마음 상할 일은 무엇인가. 그러한 삶의 풍경에 그저 초연하면 되는 것을. 나도 끼어들겠다고 할 필요도 없지만, 그렇다고 미워할 필요도 없는 것이었다. 나는 그저 부끄럽지 않게 나의 삶을 살면 되는 것이다. 그런 모습을 불편해하며 사는 것이 나의 삶은 아니다.

장 자크 루소의 『고독한 산책자의 몽상』 첫 장에 다음과 같은 말이 나온다.

남은 인생 동안 혼자서 살아가야 하는 나는 오로지 나 자신 속에서만 위안과 희망과 평화를 찾을 수 있기에 오직 나 자신에게만 몰두해야 하고, 몰두하고 싶은 것이다.… 나는 내 생애의 말년을 무엇보다 나 자신을 연구하고, 나에 관한 결산서를 작성하는 데 바칠 것이다. 내 영혼과의 달콤한 대화에 온전히 나 자신을 내어 맡기겠다. 그것만이 타인들이 빼앗아갈 수 없는 유일한 것이기 때문이다.

건강을 잃었을 때, 그동안 너무도 당연하게 누려왔던 일상의 소중함을 생각했다. 걸을 수 있는 것과 먹을 수 있는 것의 소중함을 생각했다. 휴일날 병원에서 외출하여 선정릉을 걷다 보니 오랜만에 맡은 나무와 숲 냄새, 날아다니는 새들의 소리, 빗방울까지도 소중하게 여겨졌다. 이 자연을 다시 만나기 위해 그렇게 견뎌냈나 보다, 생각했다.

일상을 먼저 사랑하는 인간이 되려 한다. 큰 삶이 아니라 사소한 삶을 살고 싶다. 마음 가는 대로 사는 삶. 누구의 시선을 의식하지 않고 내 발길 가는 대로 사는 삶. 고요히 나 자신을 배려하며 살아가는 삶. 그것이 본시 내가 살고 싶었던 삶이 아닐까. 그러한 삶 속에서 나는 진정한 자유를 찾을 수 있을 것만 같다. 사소한 삶이 나를 자유케 하리라.

그렇게 사는 삶이 무슨 의미가 있겠냐고? 인간의 삶에 의미라는 것이 있는 것일까? 서머싯 몸의 『인간의 굴레』에서 주인공 필립은 여러 겹으로 구속된 삶을 살아가며 허덕였다. 자유를 그리던 그는 이런 얘기를 접한다.

"인간은 태어나서, 고생하다, 죽는다. 인생에는 아무런 의미가 없었다. 인간의 삶에 무슨 목적이 있는 것이 아니다. 사람이 태어난다거나 태어나지 않는다거나, 산다거나 죽는다거나 하는 것은 조금도 중요한 일이 아니다. 삶도 무의미하고 죽음도 무의미하다."

이 말을 들은 필립은 벅찬 기쁨을 느꼈다. 소년 시절 신을 믿어야 한다는 무거운 신앙의 짐을 벗어버렸을 때 느꼈던 것과 같은 기쁨이었다. 이제 책임이라는 마지막 짐까지도 벗어버린 기분이었다. 자기 존재의 무의미함이 오히려 필립으로 하여금 힘을 느끼게 해주었다. 삶의 의미라는 굴레로부터 구속당했던 필립은 비로소 자유를 느끼게 된 것이다.

필립의 이 같은 생각에서 밀란 쿤데라가 말하는 '무의미의 축제'를 떠올리게 된다. 그는 인간의 삶이란 아무런 의미 없음의, 보잘것없음의 축제일 뿐이며 이 '무의미의 축제'야말로 우리가 받아들이고 소중하게 여겨야 한다고 말한다.

이러한 말을 삶에 대한 허무주의적 사고로 받아들이면 오독이다. 삶의 무의미가 의미의 배제를 뜻하는 것은 아니다. 삶의 의미라는 것이 인간의 목적이 되고 굴레가 되어 구속당하는 삶에서 벗어나 자유를 얻어야 한다는 뜻이다.

의미 있는 삶을 살아야 한다는 강박은 우리로 하여금 또 다른 집착에 갇히게 만든다. 우리 삶에는 모두가 따라야 할 어떤 객관적이고 당위적인 의미가 있는 것이 아니라, 저마다 다양한 의미가 있다는 것이다. 모두에게 적용되는 보편적 삶의 의미란 없다. 누구에게든 이렇게 살아야 한다고 정해진 것은 없었다. 각자의 삶의 의미는 발견되는 것이 아니라 만들어지는 것이다. 저마다 삶의 의미를 만들어갈 때 비로소 자유로운 삶을 누릴 수 있을 것이다.

사랑을 도덕으로 단죄할 수 있나

화양연화花樣年華. 인생에서 가장 아름답고 행복한 시간. 하지만 그 시간은 더 지켜지지 못했다. "그 시절은 지나갔고 이제 거기 남은 건 아무것도 없다." 왕가위 감독에 양조위와 장만옥이 주연한 그 유명한 영화 〈화양연화〉 얘기다.

　상하이에 있는 한 건물에 두 가구가 마침 같은 날 이사를 온다. 홍콩 지역신문사 기자 차우 부부와

무역회사에서 비서로 일하는 수리첸 부부. 두 사람은 이삿날부터 우연하게 계속 마주친다. 차우는 수리첸의 핸드백이 아내와 똑같음을, 수리첸은 남편의 넥타이가 차우 것과 똑같음을 발견하고는 이상하게 생각하다가 마침내 자기들의 남편과 아내가 서로 바람을 피우고 있다는 사실을 알게 된다. 가정은 있지만 외로웠던 두 사람은 서로에게 다가가며 가까워진다.

차우와 수리첸 두 남녀의 만남은 통속적인 불륜이다. 하지만 두 사람의 사랑은 전혀 통속적이지 않다. 두 사람은 감정이 깊어질수록 절제한다. 비록 바람을 피우는 자기 배우자들과 똑같은 모습이 되었지만, 그들과 다름을 강변하려 한다.

"절대, 절대 선을 넘지 말아야 해요. 우린 그들과 달라요."(수리첸)

영화에서는 그 흔한 러브신 하나 등장하지 않는다. 사랑하기 시작한 남녀의 웃음도 들뜬 대사도 찾아보기 어렵다. 거리를 둔 관찰자의 눈에 비치는 아름다운 이미지만 이어질 뿐이다. 그러니 보는 관객들에게 이들의 밀회는 불륜이 아니라 아름다운 사랑으로 남는다. 이미 왕가위는 영화를 시작하면서 자막을 통해 이들의 사랑이 그럴 것임을 예고했다.

"그와의 만남에 수줍어 고개 숙였고, 그의 소심함에 그녀는 떠나가버렸다."

차우는 수리첸에게 미리 이별 연습을 하자고 제안한다. 차우가 손을 한번 잡아주고 떠나는 연습을 하자 수리첸은 눈물을 글썽이다가 그의 품에서 서럽게 울고 만다. 사랑했지만 다가가지 못한 채 이별을 생각하니 슬픔이 북받쳐 오른 것이다. 결국 차우는 수리첸을 위해 그녀를 떠난다.

"모르죠? 옛날엔 뭔가 감추고 싶은 비밀이 있다면 어떻게 했는지? 산에 가서 나무를 하나 찾아 거기 구멍을 파고는 비밀을 속삭이고 진흙으로 봉했다고하죠. 비밀은 영원히 가슴에 묻고."

차우는 이루지 못한 미완성의 사랑을 앙코르와

트 사원에 있는 한 구멍에 영원히 봉인했다. 그들의 사랑은 세상으로 나오지 못한 채 그렇게 봉인되었다. 만약 차우와 수리첸의 사랑이 봉인되지 않고 세상에 나타났다면 둘의 사랑에는 불륜이라는 딱지가 붙었을 것이다. 그들의 사랑이 아름답게 전해진 것은 가슴속에 영원히 묻었기 때문이다.

세상은 유부남과 유부녀의 사랑을 불륜이라고 손가락질하며 도덕에 반하는 것으로 받아들인다. 그런 우리가 〈화양연화〉를 보면서 애잔한 안타까움을 느끼고, 이 영화의 아름다움을 두고두고 말하는 것은 모순이다. 절제된 카메라의 앵글과 아름다운 음악으로 치장되었다고 해서 그 사랑의 성격이 달라지는 것은 아니다. 그런데도 모른 척 눈 감고 이 영화를 그토록 아름다운 사랑 이야기로 받아들이는 까닭은 무엇일까. "우리는 그들과 다르다"는 수리첸의 말을 믿어서일까. 누구나 자신의 사랑은 아름답다고 믿는다. 남들과 다르다고. 그래서 모든 사랑은 단죄와 승복이 불가능하다.

도덕과 감정이 충돌했을 때 어느 쪽을 선택하는 것이 인간다운 것인가. 나를 억압하며 도덕의 질서를 따를 것인가, 아니면 도덕적 파산을 감수하며 자신의 감정을 따를 것인가. 차우와 수리첸의 사랑이 많은 사람들에게 아름다운 기억으로 남은 이유가 단지 숨겨진 비밀로 봉인되었기 때문만은 아닐 것이다. 바로 우리 안에서 억압되어 있던 본성이 살아나 공명했기에 가능한 일이었을 게다. 우리는 혼인과 가정이라는 제도 속에 갇혀 산다. 그 울타리를 감히 넘어서려는 행동은 도덕적인 지탄을 면하지 못한다. 그래서 많은 사람들은 스스로를 경계하며 질서에 순응하면서 살아간다.

그런 사람들에게 〈화양연화〉는 자신이 도발해 보지 못한 혼외 사랑의 대리만족이기도 하다. 더구나 '그들'과 다르고자 했던 두 남녀는 함께 절제하며 선을 넘지 않음으로써 우리가 느끼는 도덕적 부채의식을 덜어주고 있다. 가정이 쳐놓은 경계선을 넘어설 엄두도 내지 못하며 살아온 많은 사람들이 차우와 수리첸의 사랑이 미완성으로 끝난 것을 안타까워하는 이유가 그런 것이었을 게다. 자신은 그런 주인공이 될수는 없을지언정, 그렇게 거리를 두고 지켜볼 수 있는 사랑은 아름답다. 비록 현실 세계에서는 보호받을 수 없는 아름다움이라 하더라도.

얼마 전 홍상수 감독이 낸 이혼청구 소송이 기각되었다는 소식을 접했다. 재판부는 "유책 배우자의 이혼 청구를 원칙적으로 허용하지 않고 있다"고 이유를 밝혔다고 한다. 사회가 요구하는 도덕의 견지에서 보았을 때 그래야 하는 것이 맞을 것이다.

하지만 도덕과 법으로 사랑의 대상을 조정하는 일이 가능한가? 인간은 누구든 사랑하는 사람과 함께하고 싶어한다. 같이 살기 싫다는 사람 억지로 붙들어맬 일도 아니요, 사랑한다는 사람들을 억지로 갈라 세울 일도 아니다. 사랑은 그렇게 지켜지지도 않고 막아지지도 않는다. 사랑하는 사람과 함께 있고 싶어하는 인간의 본능은 사회에서 도덕이 만들어지기 이전부터 존재했다. 어떤 사랑이든 함부로 비난받지 않아야 한다.

영화의 마지막에 차우와 수리첸이 나눈 사랑의 덧없음을 말하는 자막이 나온다.

"그는 지나간 일들을 기억한다. 먼지 낀 창틀을 통해 모든 것을 볼 수는 있겠지만 이제는 희미하기만 하다."

이제 아무것도 남은 것이 없고 기억조차 희미해졌지만, 그래도 영원 속에 봉인된 그런 사랑이 있었지 않은가.

경계하자, 열정

괴테의 파우스트는 삶에 대한 끊임없는 열정과 노력을 추구했던 인물이다. 파우스트는 악마 메피스토펠레스와의 계약을 통해 시도했던 여러 인생이 비극으로 끝났지만 불굴의 의지를 보인다.

파우스트는 자신의 삶에 대해 이렇게 말한다.

"나는 오로지 갈망하고 그것을 이룩하였고, 또다시 소망을 품고서는 그다지도 기운차게 일생을 돌진

해왔다." (요한 볼프강 폰 괴테, 『파우스트』)

흔히 파우스트의 삶은 끊임없는 열정과 노력으로 이어진 삶의 본보기로 일컬어진다. 하지만 파우스트적 인간형을 어떻게 볼 것인가는 사람마다 시각이 다를 수 있다. 실제로 끝없이 목표를 찾아가는 파우스트적 삶의 방식은 여러 얼룩을 남겼다. 요즘 식으로 말하면, 자신의 목표를 이루기 위해 앞만 보고 달리는 삶의 모습인 셈이다. 그가 추진했던 간척지 사업은 그 상징으로 등장한다. 파우스트의 삶은 어찌 보면 오늘날 신자유주의 시대를 사는 우리네 삶의 방식을 떠올리게 한다. 시공을 초월하여 열정과 노력하는 삶이 갖는 양면성을 말해준다고 할 수 있다.

파우스트의 삶에 남겨진 얼룩에도 불구하고 천사들은 그를 구원한다.

"언제나 열망하며 노력하는 자, 그 자를 우리는 구원할 수 있노라."

끊임없는 노력이 있은 자는 구원받을 수 있다는

괴테 사상의 표현일지라. 하지만 우리 시대의 시선에서 파우스트의 삶을 어떻게 평가할지, 파우스트적 인간형에 대한 평가는 우리의 몫이다.

많은 사람들이 그렇듯이 나도 열정적인 삶을 살고자 오랜 세월 애써왔다. 한 시대를 살아가는 지식인으로서, 청춘 시절에 지녔던 뜨거운 가슴을 식히지 않고 열심히 살고자 했다. 그 또한 나에게는 아름다운 기억으로 남아 있다. 그러나 이제 그런 삶을 내려놓으려 한다. 이유는 간단하다. 그 삶이 이제는 너무 무겁게 느껴지기 때문이다. 투병을 하느라 마음이 심약해져서도 아니요, 그런 삶이 무가치하다고 생각되어서도 아니다. 다시 그 시절로 돌아가도 나는 뜨거운 삶을 살고자 할 것이다.

하지만 이제, 열정적인 삶의 무게를 계속 지고 살아가기에는 남은 시간이 많지 않음을 알고 있다. 니체는 무거운 대지의 삶을 가볍게 만들라고 차라투스트라의 입을 통해 말하지 않았던가. 자신을 가볍게 하고 춤을 추어야 자유롭게 하늘을 날 수 있다고 하지 않았던가. 나는 이제 더 이상 열정적인 삶의 무게를 지지 않으려 한다. 열정적인 삶은 더 이상 내 인생의 좌표가 아니다.

자신이 갈망하는 것을 목표로 삼아 그것을 성취하기 위해 사는 파우스트적 삶은 물론 천사조차 구원해주려 하는 삶이겠지만, 다른 한편으로는 성취에 집착하며 자신을 붙들어 매는 삶이 될 수밖에 없다. 목표에 속박되는 삶은 진정한 자유를 얻을 수 없다. 나의 열정이 그동안의 삶을 어떻게 이끌고 왔는지를 잘 알고 있지만, 그 열정으로 인해 내 삶이 박제가 되어 갇혀 있었다는 사실도 알고 있다.

열정적인 삶의 태도는 물론 훌륭한 것이지만, 경계해야 할 위험성도 있다. 열정적인 사람은 자칫 자기중심적인 태도를 갖기 쉽다. 열정적인 사람은 자기 자신에 대해 흥분하고 고무되는 습관이 있다. 그래서 자신의 생각을 밀어붙일 뿐, 다른 사람들의 생각을 소홀히 대하는 잘못을 흔히 범한다. 너무 뜨거운 사람은 주위의 사람들을 데이게 만들 수 있다. 열정이라는 이름 아래 독선이 되고 아집이 되는 모습을 많이 보아왔다. 그것은 곧 집착이다. 자신의 열정을 잘 다스리지 못하면 자기 확신의 포로가 되기 쉽다.

"정열적인 사람들은 다른 사람들이 무엇을 생각하는지 거의 고려하지 않는다. 그들의 상태는 그들을 허영심 이상으로 높인다."(프리드리히 니체, 『아침놀』)

개인들이 열정을 스스로 조절하지 못할 때 사회는 너무 뜨겁게 되고 만다. 우리 사회를 과열시키고 사람들을 피폐하게 만드는 온갖 극단적인 언행을 보라. 거기에는 이념이나 정파의 구분이 없을 정도이다. 생각이 다른 사람을 조롱하고 증오할수록 박수 받는 사회에서 지성은 설 자리가 없다. 역사학자 리처드 호프스태터는 『미국의 반지성주의』에서 '고삐 풀린 열정'의 위험성을 이렇게 경고한다.

"우리는 가능한 한 지성에 의한 수술이라고 할

만한 끈질기고 섬세한 방법으로 선의의 충동에 기생하는 반지성주의를 잘라내야 한다. 지성에 의한 수술을 하면 이런 충동 자체가 불필요해진다. 이런 방법을 통해서만 반지성주의를 검증하고 억제할 수 있다. 나는 반지성주의를 완전히 제거할 수 있다고 말하지 않는다. 그것은 우리의 능력을 넘어설 뿐만 아니라 이런저런 악을 완전히 제거하고자 하는 고삐 풀린 열정은 우리 시대의 다른 망상들처럼 위험할 수 있다고 생각하기 때문이다.˝

한평생 나름 시대의 짐을 함께 지려 했고, 가족들을 위해 성실하게 살고자 했던 내 어깨는 언제나 무거웠다. 스스로가 선택한 삶이다. 그로부터 얻은 것, 반대로 잃은 것이 무엇이었던가 깊이 생각할 수 있는 나이가 되었다. 이제 진정으로 내가 원하는 삶은 어떤 것인가를 생각한다.

이제는 내 삶의 온도를 낮출 때다. 그것은 자신에게 집중함을 의미한다. 태풍이 지나가고 난 다음의 고

요함. 비록 거리에는 태풍이 할퀴고 간 흔적들이 남아
있지만, 그 고요함은 다시 추스르고 일어설 마음을 준
다. 태풍이 지나가고 난 거리의 하늘 위로 새로운 해
가 뜬다.

본성을 억압하지 않는 삶을 위해

"온갖 것 보러 태어났건만 온갖 것 보아서는 안 된다 하더라." (괴테, 『파우스트』 2부)

　그 이유가 무엇이든 간에 본성에 따라 살지 못하는 삶은 슬픈 삶이다. 나의 본성이 억압당한다는 것은 내가 살고 싶은 대로 살지 못한다는 얘기다. 조지 오웰의 『1984년』에서 오브라이언은 윈스턴에게 이렇게 말했다.

"너는 존재하지 않는다."

이 말을 들은 윈스턴은 온몸을 휘감는 무력감을 느낀다. 자신을 자각하고 두 팔과 두 다리를 갖고 있으며 공간 속의 한 부분을 차지하고 있으니 나는 존재한다고 반박하고 싶지만, 빅브라더 앞에서 그것이 부질없는 일임을 윈스턴은 예감한다. 마침내 윈스턴은 이렇게 고백한다. "이제는 빅브라더를 사랑한다."

오웰은 소설을 통해 우리에게 전체주의에 대항해 인간다운 인간으로 남는 게 과연 가능하냐고 물었다. 우리를 지우려는 것이 어디 오웰이 말한 전체주의뿐이겠는가. 오늘 우리를 둘러싼 환경이 또한 우리를 억압하고 있다.

나는 누구인가, 내가 원하는 것은 무엇이고 나는 어떤 삶을 살려고 하는가라는 물음에 밤을 지새우며 고민하던 시절이 있었다. 아주 오래 전, 대학에 들어갔을 때였다. 요즘 젊은 세대는 취업전쟁 때문에 고통을 겪고 있지만, 우리 세대 또한 시대를 잘못 만나 청춘의 낭만 같은 것을 즐기지 못했다. 우리 때야 대학이라도 나오면 어떻게든 먹고살 길은 있던 시절이니 취업 걱정은 그리 큰 문제가 되지 않았다. 하지만 폭압에 굴종하면서 마치 죄인이라도 된 것 같은 중압감이 내내 마음을 내리누르고 있었다. 우리의 청춘은 역사의 격변기 한복판에 내던져졌다.

박정희와 전두환으로 이어지는 칠흑 같은 어둠의 시대 한복판에 선 청춘에게는 살아 있다는 것이 치욕으로 느껴질 때가 있었다. 시대는 우리에게 세계관의 변화, 나아가 삶의 변화를 요구했다. 중산층 가정에서 크게 부족함 없이 자란 온순하고 평범했던 한 청년에게 그 시대는 지난 20년 삶의 총체적 부정을 요구했다. 그 과정은 개인적 정체성의 적지 않은 혼란과 갈등을 동반했다. 자신의 어디까지를 부정해야 하고 자신의 무엇을 바꾸어야 하는지를 판단하는 것은 아직 내면이 여물지 못한 스무 살에게는 벅찬 일이었다. 우리는 사랑의 노래를 더 이상 부르지 않았고 대신 투쟁의 노래를 불렀다. 아쉽게도 사랑과 싸움은 그렇게 분리되고 말았다.

언제나 중요한 것은 '시대가 나에게 무엇을 요구하는가'였지, '내가 무엇을 원하는가'가 아니었다. 전체를 위해 개인은 버려야 한다고 믿었던 시절이었다. 그 시절의 습관은 오랫동안 내 머리를 지배했다. 혼자서 행복해서는 안 된다는 생각에 갇혀 있었다. 그래서 행복하고 싶은 본성을 억압하는 시간이 무척 길었다.

나의 삭제될 수 없는 본성이 무엇인가를 알게 되는 데는 적지 않은 세월이 필요했다. 인간은 다중적인 존재다. 내 안에는 수많은 얼굴이 자리하고 있다. 살아가면서 삶의 여러 고비를 겪고 나서야 자신의 본성을 알게 되는 경우가 많다. 어려운 시간을 거쳐야 비로소 거리를 두고 자신을 객관적으로 바라볼 수 있는 시야가 생기기 때문이다. 내가 나를 제대로 아는 것이 그리 쉬운 일은 아니다.

본성대로 살 수 없는 삶은, 존재하되 존재할 수

없는 삶이다. 그래서 앙드레 지드는 『지상의 양식』에서 인간의 본성을 억압하는 계명誡命에 대해 이렇게 항변했다.

신의 계명들이여, 너희가 나의 영혼을 아프게 했다.
신의 계명들이여, 너희는 열인가 스물인가?
어디까지 너희의 한계를 좁히려는가?
항상 더 많은 금지된 것들이 있다고 너희는 가르치려는가?
지상에서 아름다워 보이는 모든 것에 대한 목마름에는 또 새로운 벌罰이 약속되어 있다고 가르치려는가?
신의 계명들이여, 너희가 나의 영혼을 병들게 했다.
너희는 내가 목을 축일 수 있는 유일한 물 주위를 벽으로 막아놓았다.
… 그러나, 나타나엘이여. 이제 나는 연민을 금할 길 없다.

인간들의 미묘한 과오에 대하여.

앙드레 지드는 자신의 욕망을 솔직하게 토로했다. 본성에 따른 욕망을 갖는 권리에 대해 말했다.

걷고 싶은 욕망, 거기엔 하나의 길이 열리고, 쉬고 싶은 욕망, 거기에 그늘이 부르고, 깊은 물가에서는 헤엄치고 싶은 욕망, 침대가에 이를 때마다 사랑하고 싶은 욕망 혹은 잠자고 싶은 욕망. 나는 대담하게 각각의 사물 위에 손을 내밀었고 내 욕망의 모든 대상들에 대하여 권리가 있다고 믿었다.

지드가 말한 욕망은 소박하고 자연스러운 인간의 본성이었다. 자신의 욕망을 이루기 위해 다른 사람을 밟고 가거나 피해를 주는 탐욕적인 욕망이 아니다. 그렇다면 그런 욕망은 숨길 필요가 없는 자신의 권리인 셈이다. 살고 싶은 대로 사는 기쁨, 좋아하는 것을 하는 즐거움, 마음의 평온, 편안함과 안락함이 주는 충만함, 그리고 사랑의 행복, 이 모든 것은 인간이라면 갖고 태어나는 본성이다. 굳이 그것을 감출 이유도 억압할 이유도 없다.

그런데 우리는 왜 나의 욕망을 드러내지 않고 숨기며 살았을까. 세상이 행복하지 않은데 나는 행복하고 싶은 마음을 품고 있는 게 부끄러운 일이라고 생각한 것일까.

이에 대해 앙드레 지드는 『새로운 양식』에서 우리가 행복해도 되는 이유를 말하고 있다.

이 땅 위에는 너무나 많은 가난과 비탄과 어려움과 끔찍한 일들이 가득해서 행복한 사람은 자기의 행복을 부끄러워하지 않고는 행복을 생각할 수 없다. 그러나 스스로 행복해질 수 없는 자는 남의 행복을 위하여 그 어떤 일도 할 수 없다. 나는 나 자신 속에 행복해야 할 절박한 의무를 느낀다. 그러나 남에게 피해 주거나 남에게서 빼앗아야 비로소 얻을 수 있는 행복은 가증스럽게 느껴질 뿐이다.

이제는 진정으로 살고 싶었던 삶을 살고 싶다. 조성진의 쇼팽 피아노 연주가 이렇게 아름다운 줄, 스테판 하우저의 아다지오 첼로 연주가 이렇게 슬픈 줄 모르고 살았다. 불 꺼진 병실에 누워서야 그동안 나는 무엇을 위해 살아왔던가를 생각했다. 이게 바로 우리네 인간의 솔직한 감정이었던가. 어떠한 논리도 이 감정에 앞설 수 없음을 이제야 깨닫는다. 놓치고 살았던 것들, 그렇게 버려두면 안 되는 소중한 것들을 이제야 발견하고 있다. 이제 내가 태어났던 원래의 자리로 돌아가는 느낌이다.

나를 위한 삶은 세상을 배반하는 것인가

독자들 가운데는 이런 질문을 떠올리는 분이 계실지도 모르겠다. 모두가 나를 위한 삶을 산다면 더 나은 세상을 만드는 일은 누가 하는가. 그것은 개인주의적이고 이기적인 삶으로 돌아가는 것은 아닌가. 역사는 개인의 밀실이 아니라 광장으로 나온 사람들에 의해 발전해온 것이 아닌가. 혹시 건강을 잃은 뒤라 심신이 약해져서 시끄러운 세상과 단절하고 혼자만의 삶을 살려는 것 아닌가 추측하는 분도 있을지 모르겠다.

물론 죽을 고비를 넘긴지라 이제는 무거운 정신적 짐을 내려놓고 싶은 바람도 있을 것이다. 하지만 아프기 이전부터 나는 그런 삶을 그려왔다. 뜨거운 정념이 넘치는 광장으로부터 한 걸음 뒤로 물러나 세상과 적당한 거리를 두고 나를 돌보는 삶, 그것이 내 생의 후반부가 되어야겠다고 생각해왔었다. 내 생의 마지막 작은 촛불을 피울 곳은 바로 나 자신의 마음속이 되리라고 마음먹었다. 그러던 중에 투병생활을 하면서 그러한 생각을 더욱 굳히게 되었다.

자연과 생명의 섭리 앞에서 나는 얼마나 작고 미약한 존재였던가. 한 인간으로서 자신의 원초적 한계에 대한 깨달음은 문어발 식으로 살아왔던 지난 삶을 겸손하게 성찰하도록 만들었다. 무식하면 용감하다고, 내가 살면서 할 수 있는 것은 고작 얼마 되지 않았음에도 만용을 부리며 살아온 것은 아닐까.

인간은 생의 시기마다 생각과 관심이 변하게 된

다. 정의감이 충만하고 가슴이 뜨거웠던 젊은 시절에는 세상을 바꾸는 일이 그렇게도 절박했다. 그래서 열정이 지배하는 삶을 살았다. 가정을 갖게 되면 가족에 대한 책임이 몹시 무거워진다. 세상을 위해 혹은 가족을 위해 애쓰며 살아왔지만, 정작 나 자신을 위한 삶은 놓쳐버리고 만다. 그 회한은 나이가 들 만큼 들고 나서야 우리를 깊은 잠에서 깨운다.

그러니 삶을 바라보는 시선은 나이나 세대마다 다를 수밖에 없다. 자기 자신을 위한 삶을 제대로 살아보지 못한 사람들이 생의 후반부에 들어서야 그리 살아보겠다고 마음먹는 것은 자연스러운 일이기도 하다. 그것은 뜨거운 정념이 지배했던 시기를 지나 장차 오게 될 죽음의 시간을 마주보면서 자신을 돌아보며 정리하기 시작하는 시간이기도 하다. 살면서 있었던 많은 일이 흑백 필름처럼 스쳐 지나가면서 잘못 살았던 순간들이 떠오르기도 한다. 남아 있는 생에서는 그런 자책의 순간을 남기지 말아야겠다고 다짐해

본다.

사람이 나이 들면서 변한다는 것은 당연한 일이다. "나이 들었어도 나는 변하지 않았다"는 말은 자랑이 아니다. 생명이 아니라 화석이 되어버렸다는 말이기 때문이다.

우리는 애석하게도 모든 것을 다 해낼 수 없다. 인간은 누구나 많은 한계를 안고 있는 유한자有限者이며 결함투성이의 존재들이다. 저기 저 높은 지위에서 세상의 박수를 받고 있는 사람들이라고 해서 많은 것을 가졌다고 생각하면 착각이다. 능력이 있으면 자기도취에 빠져 자기 수양과 성찰을 소홀히 하기 쉽다. 사람은 좋고 진실되지만 세상에서 빛을 보지 못하고 살아가는 사람들도 많다. 인간은 저마다 갖고 있는 것과 모자란 것이 서로 다르게 돼 있다. 그러니 누구든 자신의 유한함과 부족함을 겸손하게 성찰할 일이다. 자신이 마치 무오류의 인간이며 전지전능한 듯이 과욕을 부려서는 안 된다.

우리는 흔히 내가 없으면 세상이 안 돌아갈 것처럼 착각하는 우를 범할 때가 있다. 내가 일을 그만두면 대신할 사람이 없을 것 같은, 내가 세상에서 한발 물러서면 세상이 안 돌아갈 것 같은 착각 말이다. 하지만 세상은 내가 없어도 너무 잘 돌아간다. 모두가 스스로 만들어낸 셀프 사명이었던 것이다.

개인에게 충실한 삶을 굳이 각박하게 바라볼 이유는 없다. 세상은 나를 구원해주지 못한다. 그것은 수천 년 인간 역사를 통해 수없이 확인된 사실이다. 그렇다면 스스로 자기 삶의 행복을 만들겠다고 자기로 돌아가는 삶은 서로가 격려해줄 일이다. 세상이 행복하지 않은데 나만 행복하려고 하면 되느냐는 피해의식은 어찌 보면 게으름의 소산일 수 있다. 우리는 너 나 할 것 없이 행복하려고 노력해야 할 책임이 있다. 내가 행복하지 못한데 세상을 행복하게 만들 수 있다는 것은 거짓이다. 그것은 조작된 거짓 희망이다. 내가 행복해야 세상을 행복하게 만들 수 있다. 인간의 자유와 행복이 무엇인가를 깨닫고 아는 사람만이 행복한 세상을 만들어갈 수 있다.

미셸 푸코는 생애 마지막 3년 동안 주체와 진실의 관계에 집중했다. 그래서 나온 것이 '자기 배려' 개념이다. 푸코에 따르면 "자기 배려는 자기 자신에 대한 배려이고, 자기 자신을 돌보는 행위이며, 자기 자신에 몰두하는 행위"이다. 푸코의 자기 배려가 권력에 대한 비판을 포기하고 개인적 윤리의 장으로 피신한 것은 아니었다. 푸코는 자기 점검과 자기 수양을 거친 윤리적 주체가 진실한 주체가 될 수 있다고 말했다. 푸코의 자기 배려는 오늘을 사는 우리에게 시사하는 바가 크다.

자신을 돌보며 자신에게 집중하는 삶은 행복한 세상을 만드는 것과 전혀 모순되지 않는다. 자신이 광장 속에 서 있으면 광장 전체가 한눈에 들어오지 않는다. 광장에서 벗어나 어느 정도 거리를 두고 자기가 있던 곳을 볼 때 전체가 보인다. 때로는 관조하는 삶이 나쁜 것만은 아니다. 열정을 식히고 고요한 마음으로 세상을 바라보다 보면 새롭게 눈에 들어오는 것이 많은 법이다.

본시 지성은 집단의 열정 속에서 만들어지는 것이 아니라 개인의 고독 속에서 만들어지는 것이었다. 모두가 집단이 되어 하나로 획일화될 때 역사는 다시 뒤로 후퇴했음을 기억할 필요가 있다. 그래서 개인보다 집단을 우선하는 모든 이데올로기에 맞서는 삶은 정당하며 인간 본연의 가치를 살리는 길이다.

세상도 삶도, 칼로 두부 자르듯이 나누어지지 않더라. 그러니 굳이 칼로 잘라서 이쪽이냐 저쪽이냐를 물을 일은 아니다. 여러 색깔의 삶 모두가 저마다 가치를 지닌 삶이다. 그 삶들을 모두 껴안을 수 있는 사람이 늘어날 때 세상도 비로소 행복해질 수 있다.

좋은 글과 나쁜 글

요즘 많은 사람들이 글쓰기에 관심을 갖고 강좌까지 들으며 좋은 글을 쓰려고 노력하는 듯하다. 아무 생각 없이 살아도 살 수 있는 세상에서 사유하며 글을 쓰려는 사람들이 늘어난다는 것은 좋은 일이다. 그러나 자칫 나쁜 글쓰기에 빠지지 않도록 유념하고 경계하는 노력 또한 게을리 하면 안 된다. 이것은 글을 별로 써보지 않은 사람뿐 아니라 공론의 장에서 글을 많이 써온 사람에게도 해당되는 얘기다.

　나는 나쁜 글쓰기 습관 가운데서 허영에 사로잡힌 글쓰기를 대표적인 것으로 들고 싶다. 나 또한 그랬다. 내가 글을 본격적으로 쓰기 시작한 것은 대학에 들어가고부터였다. 대학시절 학보사 기자를 하며 시국에 관한 글을 많이 썼고, 학교를 마치고는 투쟁 선언문이나 문건, 운동권 세미나에서 읽히는 책을 여러 권 썼다. 한동안 정치권에서 일할 때도 기자회견문, 연설문을 한 트럭만큼은 썼다. 그러다 보니 힘이 들어간 글에 강한 편이다. 사람들을 흥분시키고 고취시키는 선동형 글을 쓸 때 글이 살아 있다는 소리를 많이 들었다. 그 습관이 오랫동안 알게 모르게 이어졌다. 심지어 나이 들어 인문학 공부를 다시 시작한 뒤 쓴 첫 번째 책에서도 글이 공중으로 날아다닌다는 것을 시간이 지나고 나서야 발견했다. 저자의 정념이 과도하게 개입되었음을 스스로 돌아보았다.

　글이 담아야 하는 내면의 진실은 그렇게 요란하

지 않다. 목소리가 크다는 것은 그만큼 치장되어 있다는 뜻이다. 말하는 사람의 목소리가 시끄러울수록 진실의 빛깔은 엷어진다.

이제 와서 생각해보면, 그런 글쓰기는 결코 좋지 않다. 과장, 극단화, 선동, 흥분이 개입된 글은 정직하지 못하다. 드러내기 위한 혹은 다른 사람들보다 우월함을 보여 제압하려는 글이 되고 만다. 아무리 자신의 열정이 들어갔어도 진실과는 거리가 있다.

작가 프리모 레비는 「불명료한 글쓰기에 대하여」라는 글에서, 명료한 글쓰기를 주문했다. 눈물을 흘리고 통곡하는 글쓰기는 개인에게 도움이 될지는 모르지만, "언어로 본다면 무력하고 투박할 따름"이라고 지적한다.

"우리들 산 자는 고독하지 않으므로 마치 우리가 고독한 것처럼 써서는 안 된다. 우리가 살아 있는 한 우리는 책임이 있다. 우리는 우리가 쓴 것에 대해 한 단어 한 단어 책임져야 하고, 모든 단어가 반드시

제 목표에 도달하도록 해야 한다."(프리모 레비, 「불명료한 글쓰기에 대하여」, 『고통에 반대하며』)

동물 울음소리는 동물에게서 나올 때, 죽어가는 사람에게서 나올 때, 미친 사람이나 자포자기한 사람에게서 나올 때 수용할 수 있다. 건강하고 온전한 사람이 동물 울음 소리를 쓴다면 위선자이거나 바보이며, 또한 아무도 그의 글을 읽지 않을 것이다. 그래서 레비는 이렇게 말한다.

"흰 페이지는 희다고 말하는 것이 최선이다. 만일 왕이 벌거벗었다면 벌거벗었다고 말하는 것이 정직하다."

나는 레비의 이러한 주문을, '과장되지 않은 글쓰기'로 이해한다. 있는 그대로의 사실을 표현하지 않고 자신의 주관적 감정이나 흥분에 따라 부풀려서 혹은 극단적으로 표현하는 글쓰기는 글 쓰는 사람들이 흔히 빠지기 쉬운 함정이다. 그래야 많은 사람들의 박수를 받고 인기를 얻을 수 있다고 생각하는 사람도 있을 것이다. 그러나 그런 글은 진실을 담지 못한 프로파간 다가 되고 만다.

그런데도 사람들은 어째서 그런 글쓰기의 유혹에 빠지는가. 마음속에 숨어 있는 허영심 때문이다. 인간은 원래부터 허영심에 쉽게 사로잡히는 존재다. 다른 사람들로부터 인정받고 우월한 존재가 되기 위해서이다. 일찍이 루소가 인간의 그런 허영심을 잘 지적했다.

그리하여 타인들로부터 받는 호의적인 평가와 존경은 가치를 갖게 되었다. 노래를 가장 잘 부르거나 춤을 가장 잘 추는 사람, 가장 아름다운 사람, 가장 힘이 센 사람, 가장 솜씨가 좋은 사람, 가장 말을 잘하는 사람은 가장 존경을 받게 되었는데, 바로 그것이 불평등과 동시에 악덕으로 향한 첫걸음이었다. 이러한 최초의 선호로부터 한편으로는 허영심과 경멸이, 다른 한편으로는 수

치심과 선망이 유래했는데, 그 새로운 누룩곰팡이에 의한 발효는 마침내 행복과 순수에 치명적인 화합물을 발생시켰다. (장 자크 루소 『인간 불평등 기원론』)

니체 또한 허영심에 차 있는 사람의 속성을 말하고 있다.

허영심에 차 있는 사람은 탁월해지기를 원하는 것이 아니라 스스로 탁월하다고 느끼기를 원한다. 따라서 그는 자기기만과 자기계략의 수단을 거부하지 못한다. 그에게 잊히지 않는 것은 다른 사람의 의견이 아니라 다른 사람의 의견에 대한 자신의 생각이다. (니체, 『인간적인 너무나 인간적인 I』)

시대가 요란할수록 우리의 글은 건조해지고 조용해질 필요가 있다. 있는 그대로의 사실만큼 진실된

힘을 갖는 것은 없다. 진실이 빈곤할 때 주관적인 감정이 과도하게 들어가고 목소리가 불필요하게 커지는 글이 나오는 것이다. 나 또한 더 정직한 글이 되려면, 더 건조한 글쓰기를 해야겠다는 반성적 생각을 하고 있다. 과장된 수사로 겉치장을 하고 효과를 보려할 것이 아니라, 있는 그대로 읽어내고 표현하는 정직한 글 말이다.

조지 오웰의 『카탈루냐 찬가』는 파시즘과 싸우기 위해 민병대에 참여하여 스페인 내전에 뛰어든 그의 기록이다. 오웰은 이 기록을 통해 노동자는 목숨을 걸로 혁명 투쟁에 나서지만 공산당은 그것을 억누르며 혁명성을 잃는 과정을 고발한다. 내 눈길을 끈 것은 책 말미에 나오는 오웰의 당부였다.

나는 지금까지 한 이야기가 여러분을 엉뚱한 방향으로 이끌지 않기를 바란다. 이번 문제에 대해서 완벽하게 진실을 말할 수 있는 사람은 어디에도 없다. 자기 눈으로 직접 본 게 아니면 확실한 게 아니다. 인간은 글을 쓸 때 의식적 무의식적으로 당파성을 띨 수밖에 없다. 앞에서 충분히 언급하지 않았을 수 있어서 지금 다시 당부하니, 내가 지닌 당파성을, 구체적인 사실을 착각할 가능성을, 한쪽 귀퉁이만 보면서 나타날 수밖에 없는 왜곡을 조심하라. 그리고, 스페인 내전에서 이 시기를 다룬 다른 책을 읽을 때도 마찬가지로 조심하라. (조지 오웰, 『카탈루냐 찬가』)

오웰은 자신의 당파성이 사실을 왜곡했을 가능성에 유의해줄 것을 독자들에게 당부했다. 시대를 기록하는 작가의 한계를 자각하고 있는 자기 경계의 모습이다. 마치 니체의 차라투스트라가 제자들 앞에서 "더 바람직한 일은 차라투스트라의 존재를 부끄러워하는 일이다! 그가 너희들을 속였을지도 모르지 않는가"라며 자신조차 믿지 말라고 말한 장면이 떠오른다.

오웰의 이 같은 태도는 작가로서 자기 자신을 경계하는 모범을 보여준다.

　나는 이제 글 쓰는 삶을 살고 싶다. 글만큼 자기 자신을 정직하게 표현할 수 있는 것은 없다는 생각이 든다. 방송이나 강연은 자기 자신을 많이 꾸미고 치장해야 한다. 겉모습을 번지르르하게 꾸미다 보면 자신의 모습을 과장하게 된다. 죽을 고비를 넘기고 다시 사는 삶, 또다시 그게 전부인 삶을 살 수는 없지 않은가, 생각하고 또 생각했다.

나는 나의 삶을 살고 있는가

일상은 소중하지만 지루하다. 다람쥐 쳇바퀴 돌듯 매일 반복되는 삶은 재미도 느낌도 없다. 내가 살아 있음을 확인할 수 있는 가슴 뜨거운 무엇을 찾기 위해서는 종종 일상의 굴레를 벗어날 필요가 있다. 그렇지 않으면 우리는 스스로 쳐놓은 울타리 안에서 그냥 그럭저럭 습관처럼 살아가게 된다. 단 한 번뿐인 삶인데 그렇게 되면 무척 슬픈 일이다.

영화 〈다가오는 것들〉과 〈리스본행 야간열차〉는 일상으로부터 탈출하여 자유를 찾아가는 중년의 삶을 잔잔하게 그리고 있다. 이자벨 위페르 주연의 프랑스 영화 〈다가오는 것들〉은 중년 여성이 어느 날 갑자기 닥쳐온 상황을 어떻게 받아들이며 살아가는가를 그리고 있다. 파리의 고등학교에서 철학을 가르치는 나탈리는 두 아이의 엄마이자 한 남자의 아내, 그리고 홀어머니의 딸로서 바쁘지만 행복한 날들을 보내고 있다. 그러던 어느 날 남편으로부터 다른 여자가 생겼다는 갑작스러운 통보를 받는다. "왜 그걸 말해? 그냥 모르는 척하고 살 순 없었어?"라고 되물으며 그녀는 남편과 별거에 들어간다. "평생 나만 사랑할 줄 알았는데… 내가 등신이었지!"라는 탄식과 함께.

어린 아이처럼 관심과 애정을 끊임없이 요구했던, 그래서 나탈리를 힘들게 했던 어머니도 세상을 떠난다. 때마침 출판사는 시대를 못 쫓아온다며 나탈리를 철학총서 집필진에서 뺐다는 통보를 한다. 한꺼번에 들이닥친 상실의 시간이다. 그동안 자기 것이라고 여겼던 것들이 다 떠나가 버리고 만다.

나탈리에게 이제 행복이란 존재하지 않는 것일까. 많은 것이 자신을 떠나갔지만, 나탈리는 슬프게 울지 않고 일상에서 자유를 찾는다.

"이런 생각을 해. 애들은 독립했고 남편도 엄마도 떠났지. 나는 자유를 되찾은 거야. 한번도 겪지 못했던 온전한 자유. 놀라운 일이야. 이건 낙원이잖아!"

아, 많은 것을 갖고 사는 것 같던 나탈리도 그동안 온전한 자유를 한번도 누리지 못했었구나. 중년에 찾아온 자유. 나탈리는 마흔의 나이를 지나서야 시선을 자신에게로 돌려 비로소 자신을 위한 일상을 챙겨 나간다.

나탈리는 혼자가 되었지만 여전히 꿋꿋한 중년의 모습을 보여준다. 다음은 젊은 제자 파비앵과 나눈 대화의 한 장면.

"중요한 소식이 있어. 남편하고 별거 중이야. 이

혼할 거야. 25년을 함께했는데 새 애인을 만났대. 괜찮아, 잘 받아들이고 있어. 여자는 마흔 살 넘으면 쓸모없어져. 그게 진실인 걸. 내 나이에 여자가 바람난 거 봤어?… 별일 아니야. 삶이 끝난 것도 아니고. 실은 나도 각오하고 있었어. 동정할 필요 없어. 지적으로 충만하게 살잖아. 그거면 족히 행복해."

　나탈리의 영향으로 철학을 통해 삶을 알게 되었다는 제자 파비앵은 급진주의 학생운동가다. 이제는 보수화된 40대 철학 선생 나탈리의 모습이 파비앵과의 대화를 통해 드러난다. 나탈리는 젊었을 때 공산주의 전단지를 뿌리며 혁명운동을 했던 전력이 있다. 파비앵은 그녀의 '신념과 행동의 불일치'를 비판한다. 서명이나 하는 참여 지식인에 불과한 것 아니냐고. 그때 나탈리는 이렇게 말한다. "급진성을 얘기하기엔 난 너무 늙었어. 게다가 다 해본 것들이기도 하고. 응, 나는 변했어. 세상은 나빠지기만 했지만 말야. 난 더는 혁명을 바라지 않아. 아이들이 스스로 생각하도록 돕는 것. 그게 내가 바라는 거야." 나탈리는 세상을 바꾸자는 청년에게 이렇게 대답한다. "난 됐어. 이미 해봤거든." 혁명에 대한 꿈에서 나탈리는 자유를 얻지 못했다. 파비앵은 나탈리의 과거이고, 나탈리는 파비앵의 미래인 것일까.

세월이 가면서 잃어버리는 것들이 생기고 다가오는 것들도 생긴다. 그러한 우리네 삶이 영화에서 잔잔히 그려진다.

당신에게는 나이 들면서 잃어가는 것이 많은가, 새로 다가오는 것이 많은가? 자유를 찾아 나선 나탈리이기에 잃은 것보다 많은 것이 다가오고 있었다. 나이 들어 간다는 것은 결코 잃어가는 것이 아니다. 살아갈수록 더 많은 것이 쌓인다.

영화는 딸이 낳은 손자를 안고 있는 나탈리의 모습에서 끝난다. 나탈리의 행복은 이제 다른 색감으로 나타나고 있다. 온전한 자유를 찾았다고 말한 그녀는 과연 더 행복해진 것일까.

나탈리가 수업 중에 인용한 철학자 알랭 바디우의 행복에 대한 글을 인용해본다.

"우리는 행복을 기대한다. 만일 행복이 안 온다면 희망은 지속되며 이 상태는 자체로서 충족된다. 그 근심에서 나온 일종의 쾌락은 현실을 보완하고 더 낫게 만들기도 한다. 원할 게 없는 자에게 화 있으라. 원하던 것을 얻고 나면 덜 기쁜 법. 행복해지기 전까지만 행복할 뿐."

행복은 기대하는 동안만 우리를 행복하게 해주는 것일까. 막상 내 손으로 잡으면 바스라지는 가짜 행복이 아니라 두고두고 지속될 수 있는 진정한 행복은 어디에서 오는 것일까. 결국 스스로 자유를 찾는 것이 그 길이 될 것이다.

제레미 아이언스 주연의 〈리스본행 야간열차〉도 지루한 일상에서 일탈한 장년 남성의 자유로운 며칠을 보여준다. 세계적인 베스트셀러가 되었던 파스칼

메르시어의 같은 제목 소설을 빌 어거스트 감독이 영화로 만든 작품이다.

오랜 시간 고등학교 선생으로 평범하게 살던 57세 남성 그레고리우스는 우연히 길을 가다가 다리 위에서 자살하려던 한 여성을 구한다. 하지만 그녀는 비에 젖은 붉은 코트와 오래된 책 한 권, 15분 후 출발하는 리스본행 열차 티켓을 남긴 채 홀연히 사라진다. 그레고리우스는 난생 처음 느껴보는 강렬한 끌림으로 의문의 여인과 책의 저자인 아마데우 프라두를 찾아 리스본행 야간열차에 몸을 싣는다.

열차 안에서 아마데우의 책 『언어의 연금술사』를 읽으며 감동을 받은 그레고리우스는 아마데우라는 인물의 삶을 추적하는 길에 나선다. 영화는 아마데우가 불꽃 같은 삶을 살았던 1974년 포르투갈 카네이션 혁명의 시기로 거슬러가며 전개된다.

아마데우의 책 속에는 이런 구절이 있다.

"꼭 요란한 사건만이 인생의 방향을 바꾸는 결정

적 순간이 되는 것은 아니다. 실제로 운명이 결정되는 드라마틱한 순간은 믿을 수 없을 만큼 사소할 수 있다. 엄청난 영향력을 발휘하고 삶에 완전히 새로운 빛을 부여하는 경험은 소리 없이 일어난다. 그 놀라운 고요함 속에 고결함이 있다."

바로 그레고리우스에게 해당되는 얘기였다. 그레고리우스가 우연히 열차에 오른 작은 사건은 그의 삶에 큰 변화를 가져오게 된다.

강한 궁금증에 휩싸인 그레고리우스는 리스본에서 아마데우의 옛 지인들을 찾아다니며 그의 행적을 추적한다. 40년 살라자르 독재정권 시절 판사의 아들로 태어난 것에 반감을 가지며 성장한 의사 아마데우의 삶은 파란만장했다. 아마데우는 레지스탕스 활동을 하던 동료들과 반독재 결사조직을 결성해서 혁명을 시도했던 청년이었다. 사랑이란 것을 믿지 않았던 아마데우였지만, 친구 조지의 여인 스테파니아와의 사랑 때문에 그들 사이의 우정은 무너진다. 그레고리우스는 레지스탕스에 함께 몸담았던 아마데우, 조지, 스테파니아에 얽힌 우정과 혁명과 사랑, 질투와 배신의 이야기를 접하게 된다. 무미건조한 삶을 살아오던 그레고리우스에게 아마데우들의 열정적이고 뜨거웠던 삶은 동경의 대상이었다. 그레고리우스는 말한다. "그의 삶이 너무나 특별해서 제 인생이 무의미하게 느껴져요."

아마데우의 삶을 추적해가던 그레고리우스는 깨진 안경을 새로 맞추기 위해 안경점에 들렀다가 마리아나를 만나게 되고 그녀와 가끔씩 만나면서 아마데우에 대해, 그리고 자신들의 인생에 대해 얘기를 나눈다. 그러면서 두 사람은 자연스럽게 서로에게 이끌리게 된다. 그레고리우스가 베른으로 돌아가기 위해 열차 플랫폼에 서서 나눈 마리아나와의 마지막 대화.

그레고리우스: 5분 정도 남았군요. 내가 지루하지 않다고 말해줘서 고마워요. 생각해보면 아마데우

와 스테파니아, 그들 인생에는 활력과 강렬함이 가득했던 것 같아요.

마리아나: 너무 강렬해서 결국 부서졌잖아요.

그레고리우스: 하지만 충만한 삶이었죠. 내 인생은 뭐죠? 지난 며칠을 제외하고요.

마리아나: 그런데도 다시 돌아가려 하시는군요. 여기 머무시는 건 어때요?

그레고리우스: 뭐라고요?

마리아나: 여기 계시면 안 되나요?

영화는 그레고리우스가 다시 베른의 평범한 일상으로 돌아갔는지, 아니면 새로운 만남을 선택했는지 보여주지 않은 채 끝난다. 그레고리우스가 남긴 마지막 자조적 독백. "내 인생은 뭐죠?" 얼마나 많은 사람들이 이 질문을 가슴에 품고 살아갈까.

인생은 정해진 대로 사는 것이 아님을, 자유를 찾기 위해서는 일상에서 탈출하려는 결단을 내려야 함을 두 영화는 보여주고 있다. 물론 두 영화의 주인공이 자신의 능동적인 선택에 의해서 일상으로부터 일탈을 감행한 것은 아니다. 갑자기 찾아온 상실에 의해 나탈리는 자유를 찾아 나섰고, 우연히 찾아온 사건에 의해 그레고리우스는 리스본행 열차를 탔다. 주인공들은 변화를 위한 작은 계기에 자신을 맡겼고, 그로부터 인생 행로가 바뀌었다.

나의 가슴은 너무 오랫동안 식어 있지는 않은지, 주어진 환경에서 벗어날 수 없다는 이유로 어느덧 습관처럼 살아가는 삶이 되어버리지는 않았는지, 오늘을 사는 중년들에게 나탈리와 그레고리우스는 묻고 있다.

나는 누구를 위해 살고 있는가. 나를 위해 살고 있다는 대답을 주저 없이 할 수 있는 사람만이 자신을 사랑하는 사람이다. 용기를 내는 사람만이 자유를 얻을 수 있다.

하고 싶은 일을 하면서 살고 싶다면

몇 해 전 아내가 한동안 푸념을 하던 때가 있었다. 아이들이 다 크고 나면 자기 인생을 살고 싶은데, 젊었을 때는 하고 싶은 것이 많았는데 이제 나이 들고 나니 아무것도 할 수 있는 게 없다는 토로였다. 아내는 가족을 얻은 대신 꿈을 잃은 것이다.

그 공허함은 내가 생각할 수 있는 것보다 훨씬 깊은 것 같았다. 아내의 얘기가 한층 무겁게 들린 것은 정작 나는 자유를 마음껏 누리며 살아왔기 때문이다. 나는 결혼하고도 언제나 하고 싶은 일을 선택할 수 있었다. 아이들을 낳아 키우는 상황에서도 다니던 곳에 사표를 내고 전업적인 방송활동에 도전한 일, 50대 나이에 인문학 작가가 되겠다며 독서실에 박혀 책을 쓴 일, 심지어 주말에 혼자 한적한 카페에 앉아 음악을 들으며 책을 읽을 수 있던 시간까지도, 모두 아내가 이해하고 도와주었기 때문에 가능한 일이었다. 똑같이 결혼 생활을 했는데 나는 자유를 누렸고, 아내는 자유를 희생한 셈이다. 물론 내가 의도했을 리는 만무하지만 이제 와서 돌아보면 그렇게 되고 만 것이다.

미안한 일이다. 내게만 하고 싶은 일이 많았던 것은 아니었다. 크든 작든 저마다 꿈을 갖고 살아가는 것은 누구에게나 소중한 일이고, 아내가 예외일 이유는 없었다. 내 자유가 간절하고 소중한 것이었다면 같이 사는 사람도 마찬가지다. 부채감을 덜 수가 없어서 이제라도 마땅한 출구가 없을지 함께 생각해보았지만 막상 뾰족한 수가 찾아지지는 않았다. 함께 더 생각해보자며 숙제로 남겨둔 와중에 내가 병원에 입원해버렸고, 아내는 매일같이 병원에 와서 내 말벗을 해주고 있다. 나중에 갚아야 할 마음의 부채가 더 쌓이는 상황이 되어버렸다.

자신이 하고 싶은 일을 하면서 사는 것은 분명 복 받은 일이다. 그것은 사람이 누릴 수 있는 행복 가운데서도 매우 중요한 것이다. 이제는 고인이 된 애플 창업자 스티브 잡스는 2005년 스탠포드대 졸업식 연설에서 젊은이들에게 이렇게 말했다.

"여러분도 사랑할 것을 찾아야 합니다. 그것은 여러분의 일일 수도 있고 애인일 수도 있습니다. 여러분의 일은 여러분 인생의 큰 부분을 차지하게 됩니다. 여러분이 좋은 일이라고 믿는 것을 해야만 진정으로 만족할 수 있습니다. 좋은 일을 하는 유일한 방법은 여러분이 하는 일을 사랑하는 것입니다. 아직 그걸 발견하지 못하셨다면 계속 찾으십시오. 안주해서는 안 됩니다."

자신이 원하는 일을 찾기 위해 안주하지 않은 사람들의 얘기는 많다. 학력주의 사회 일본에서 독학으로 공부하여 세계적인 건축가가 된 안도 다다오는 자서전 『나 건축가 , 안도 다다오』에서 젊은 시절의 도전을 이렇게 회고하고 있다.

1964년 스물네 살이 되던 해, 일본에서 일반인의 해외여행이 자유화되자마자 나는 유럽에 가기로 결심했다. … 해외에 나가는 것이 그 당시에는 그렇게 불안스러운 일이었다. … 당시 하고 있었던 인테리어 디자인 일도 그런대로 잘나가서 생계도 전망이 섰을 때였다. 유럽에 장기간 나가 있는 것은 그런 업무 흐름을 끊고 모아놓은 돈을 몽땅 쓰는 일이기도 했다. 하지만 그런 불안보다도 미지의 서구에 대한 호기심이 더 강했다. 우리 세대에게 건축의 역사란 곧 그리스 로마의 고전에서 근대 건축에 이르는 서구 건축의 역사였다. 사진으로 보는 서구 건축에는 섬세하면서도 자연과 일체화하는 일본 건축에서는 느낄 수 없는 강렬함이 있어 보였다. 그 강렬함이 무엇인지 본고장에 가서 내 눈으로 직접 확인하고 싶었다.

안도 다다오는 이후 자신의 사무소를 개설할 때까지 4년 동안 돈만 모이면 여행을 떠나 세계를 돌아다녔다며, 20대 시절의 여행 기억은 '나의 인생에 둘도 없는 재산'이 되었다고 말한다. 그는 생계에 대한 불안감을 넘어 돈만 모이면 세계의 건축을 직접 보며 공부한 경험이 세계적인 거장으로 성장하는 데 결정적인 자산이 되었다고 회고했다. 자신의 꿈을 머리 속으로 설계하고 있을 시간에 행동으로 준비에 들어간 것이다.

어떤 경우에 안도 다다오 같은 선택이 가능할까. 그것은 자신이 하고 싶은 일에 대한 절실함이다. 정말로 그 일을 꼭 하고 싶고 그 일을 내 것으로 만들기 위해 모든 것을 걸겠다는 각오와 투지가 마음에서 꿈틀거릴 때 사람은 움직이게 되고 성취의 가능성은 높아진다. 선택의 기로에서 고민하고 있다면, 먼저 자신에게 물어보라. 나는 그 일을 정말 절실하게 원하고 있는가.

19세기 프랑스가 낳은 천재 시인 아르튀르 랭보는 '불멸의 시인'으로 기록되어 있지만, 그의 짧은 인생은 온갖 방탕과 방황과 불행으로 점철되었다. 16세 때 시인으로 데뷔한 그는 유치장을 드나드는가 하면 학교를 그만두고 가출하여 이곳저곳 떠도는 생활을 한다. 그 무렵 랭보가 스승 이장바르 선생에게 쓴 편지를 보면 "지금 저는 가능한 최대한 방탕하게 생활하고 있습니다. 왜냐구요? 시인이 되고 싶기 때문입니다. 그리고 투시자가 되려고 합니다"라는 말이 나온다.

랭보는 시를 쓰기 위해 방랑을 선택했다. 거리와 카페, 그리고 예술가들의 골방을 떠돌았다. 도보로 스위스와 이탈리아를 여행하고, 네덜란드 용병으로 지원해서 인도네시아 수마트라 섬에서 3개월을 보내고 탈영을 했다. 독일 함부르크 곡마단을 따라 스웨덴과 덴마크를 떠돌고, 다시 걸어서 알프스를 넘고 이집트로 건너갔다가 키프로스 섬의 채석장에서 일하기도 했다. 그는 '투시자'가 되는 것, 그리고 '모든 감각을 착란시킴으로써 미지에 도달하는 것'을 목표로 삼았다. 그 길을 통과해야만 시인이 될 수 있다고 믿었기 때문이다. 랭보는 시를 쓰기 위해 인생의 모든 독소를 스스로 찾아 자기 것으로 하려 했던 것이다. '천재 시인'의 파란만장한 삶에는 시를 쓰기 위한 절박함이 자리하고 있었다.

진정으로 하고 싶은 일이 있다면 머리 속으로 공상만 하지 말고, 고민과 갈등만 하지 말고 준비를 해야 한다. 준비를 해보면 자신이 해낼 수 있을지 아닌지, 가능성에 대한 판단이 서게 되어 있다. 생각보다는 행동이 삶을 구체적으로 변화시킬 수 있다.

하고 싶은 일을 하면서 사는 삶은 모두의 로망이다. 이는 거꾸로, 하고 싶지 않은 일을 하면서 살아야 하는 사람이 그만큼 많다는 뜻이다. 실제로 왜 지금 그 일을 하고 있느냐고 물었을 때 "내가 좋아하는 일이라서"라고 답할 수 있는 사람이 얼마나 될까. 아마도 대부분이 "먹고살기 위해서"라고 대답할 것이다.

때문에 자신이 하고 있는 일이 만족스럽지 못하거나 맞지 않는 일을 하고 있다는 고민을 하는 이들이 많다. 지금 하고 있는 일을 그만두고 다른 일을 하고 싶은데, 막상 그러자니 과연 성공적인 선택이 될 수 있을지 번민하게 된다. 어떤 이들은 그저 고민만 하다가 계속 불만족스러운 삶을 지탱해 나가기도 하고, 어떤 이들은 섣부르게 새로운 선택을 했다가 이전보다 좋지 못한 상황으로 내몰리기도 한다.

자신과 일 사이의 부적응이라는, 누구나 겪을 수

있는 이 문제에 관해 정해진 해법이 있을 수는 없다. 사람마다, 환경마다 최선의 선택은 다를 수 있을 것이다. 다만 내가 얘기하고 싶은 것은 마음속에 정말 해보고 싶은 일이 간직되어 있다면 한 번쯤은 도전할 기회를 가져보라는 것이다. 하고 싶은 일을 해보려는 시도조차 못하고 가는 인생이란 너무도 허망하지 않겠는가. 비록 그 결과가 성공으로 나타날지 아니면 실패의 쓴 잔을 건네줄지는 알 수 없지만, 적어도 남은 생에서 미련과 회한은 없을 것이다.

중대한 결단을 내릴 때는, 죽음을 생각하라

내가 목숨을 건졌다는 표현을 썼지만, 실제로 그냥 죽었을지 모를 몇 번의 고비가 있었다. 뇌종양 때문에 병원을 찾아갔을 때는 이미 뇌압과 뇌부종이 심한 상태였다. 종양을 발견하지 못한 채 몇 달 정도 시간을 보냈으면 갑자기 쓰러져 돌연사했을 거라는 설명을 들었다.

마침 그 무렵 아내와 제주도 여행을 가려고 예약

을 해놓은 상황이었다. 뇌종양이 있다는 얘기는 들었지만 모처럼 장모님을 모시고 가기로 계획했던지라 그대로 여행을 가야 할지를 놓고 고심하다가 출발 전날에야 위약금을 물고 예약을 취소했다. 그때 아무 생각 없이 예정대로 비행기를 탔다면 뇌압이 상승하여 쓰러졌을 것 같다.

바로 가까이 왔던 죽음은 운 좋게도 옆으로 비켜 지나갔다. 그리고 수술을 받았다. 종양 제거가 가능하다고 판단한 실력 있는 선생님이 집도를 하니 살 수는 있을 것이라 생각했지만, 그래도 수술 부위가 워낙 위험한 위치라 안심할 수는 없었다. 다행히도 10시간에 걸친 수술은 무사히 끝났다. 수술 중 출혈이 많아 혈압이 치솟고 맥박이 뚝 떨어져 예정된 시간을 훌쩍 넘겨 수술이 끝났지만, 종양은 깨끗이 제거되었다.

나는 수술에서 종양이 잘 제거되었으면 그걸로 끝나는 것인 줄 알았는데 그것이 아니었다. 수술을 했던 선생님은 종양은 100퍼센트 제거되었다고 설명하면서도 "세 달 동안은 안심하면 안 된다"고 했다. 워낙 위험한 수술이어서 합병증 등으로 언제든지 상태가 위험해질 수 있다는 얘기였다. 대개는 중환자실에 이틀 정도 있다가 일반 병실로 올라가는데 나는 일주일 넘게 그곳에 있었다.

중환자실에 있으면서, 그리고 일반 병실에서 여러 환자들이 죽어 나가는 것을 보고 들었다. 수술 경과가 좋지 못한 환자들은 고통을 겪다가 더 이상 어찌하지 못하고 눈을 감고 만다. 아내가 수술 대기실에 있을 때 한 중학생의 어머니를 보았는데, 그 아이는 나중에 중환자실에 있다가 숨을 거두고 말았다고 한다. 나는 수술을 받고 살아났고 그 아이는 같은 시간대에 수술을 받았지만 중환자실에서 생을 마쳤다.

이처럼 병원이라는 공간 안에서 삶과 죽음은 경계선을 하나 두고 맞닿아 있다. 사람이 죽고 사는 게 때로는 종이 한 장 차이라는 생각이 든다. 내 경우도 종양을 발견하지 못한 채 몇 달 그냥 지냈으면 지금 살아 있기가 어려웠을 것이다. 종양의 위치가 조금만 더 안 좋은 곳이었어도 그랬을 것이다. 내 의지와는 상관없는 변수에 따라 죽고 사는 게 결정된다.

병원에 있으면서 뇌출혈이나 뇌경색으로 쓰러져 수술을 받고 재활하는 환자들을 많이 보았다. 말 그대로 어느 날 갑자기 쓰러진 사람들이 대부분이다. 그들의 목숨이나 상태는 얼마나 빨리 병원에 도착해서 수술을 받느냐에 달려 있다. 수술을 할 수 있는 병원이 멀리 있거나 가는 길이라도 막히면 치명적인 결과를 맞게 된다. 존엄한 생명이 아무런 예고도 없이 순식간에 사라지는 것을 도대체 어떻게 이해해야 할까. 의학적으로야 설명이 되고도 남는 흔한 일이지만, 힘들게 지켜왔던 인간의 생명이 이렇게 허무하게 무너지는 것은 부당하다고 신을 향해 말하고 싶다. 도대체 존엄한 생명에 대한 대접이 고작 이런 것인가.

이렇듯 죽음은 언제나 우리 옆에 와 있다. 갑작스러운 병마, 교통사고, 안전사고 등으로 내가 언제 죽음의 대상이 될지 알 수 없는 일이다. 인간은 미물에 불과한 존재. 그러니 인간이 아무리 지구의 정복자라 큰소리쳐도 거역할 수 없는 자연과 생명의 섭리 앞에서는 무력한 존재일 뿐이다.

하이데거는 "죽음을 이해하고 자기 삶 속에서 생각할 수 있는 것은 인간밖에 없다"고 말했다. 인간은 죽음을 생각함으로써 삶을 생각하게 된다. 메멘토 모리Memento mori, 죽음을 기억하라.

큰 고비를 넘기고 나니 생각이 많아진다. 살아남았다고는 하지만 인간으로서 선명한 자의식을 갖고 살아갈 시간이 그리 오래 주어진 것은 아니다. 다시 건강해진다 해도 이렇게 자신의 사유를 글로 써낼 수 있는 시간은 길어야 20년 안팎이 될 것이다. 나는 건강을 언제 어느 정도까지 되찾을 수 있을지 아직 모른다. 그런 나는 남은 생을 무엇으로 채워갈 것인가.

스티브 잡스는 생전에 스탠퍼드대 졸업식 연설에서 죽음 선고를 받고 나니 삶의 소중함을 발견하게 되었다며 죽음을 생각하라고 당부했다.

"'곧 죽는다'는 생각은 인생의 결단을 내릴 때마다 가장 중요한 도구였습니다. 모든 외부의 기대, 자부심, 수치스러움과 실패의 두려움은 '죽음' 앞에선 모두 떨어져 나가고 오직 진실로 중요한 것들만이 남기 때문입니다. 죽음을 생각하는 것은 무엇을 잃을지도 모른다는 두려움에서 벗어나는 최고의 길입니다. 여러분은 죽을 몸입니다. 그러므로 가슴을 따라 살아야 합니다."

일찍 죽는 것은 특별한 사람들만의 일인 줄 알았다. 하지만 죽을 고비를 넘기면서 누구에게나 죽음은 삶과 아주 가까운 곳에 있음을 생각하게 되었다. 삶의 유한성, 즉 죽음에 대한 인식은 삶의 귀중함을 일깨우고 지금 삶에 대한 진실성을 높여준다.

죽음을 선택하는 데 타인의 동의가 필요한가

연명을 거부하고 스스로 죽음을 선택하는 행위는 어디까지 이해될 수 있을까. 아니, 자신의 죽음을 선택하는 데 타인의 이해가 필요한가? 전신마비 환자 윌 트레이너와 그의 간병인 루이자 클라크의 사랑과 사별을 그린 〈미 비포 유〉는 존엄사의 의미가 무엇인가에 대한 생각을 남기는 영화다.

　영화는 근무하던 카페의 폐업으로 새로운 일자

리를 찾아 나선 루이자가 불의의 교통사고로 전신마비 환자가 된 윌의 6개월짜리 간병인으로 채용되면서 시작된다. 사고 이전 윌은 잘나가는 유능한 사업가이자 만능 스포츠맨으로 열정적인 삶을 살았다. 뭇 사람들이 부러워하는 화려한 삶 자체였다. 하지만 갑자기 교통사고를 당하면서 그의 운명은 하루아침에 뒤바뀌고 만다. 윌은 생각하고 말하는 것은 멀쩡하지만 손가락 하나 움직일 수 없다. 사고 이후 무척 예민하고 까칠한 성격이 되어버렸다. 수다스러운 루이자가 우스꽝스러운 옷을 입고 간병인으로 선을 보인 날도 윌은 차가운 태도를 보이며 어린애 취급을 한다. 하지만 전신마비 환자와 간병인은 서로를 알아가면서 사랑을 느끼기 시작한다.

루이자는 윌이 존엄사를 계획하고 있음을 알고는 그를 위해 남은 시간의 버킷 리스트를 작성하고 그와 함께 이곳저곳 다니고 연주회도 간다. 연주회가 끝난 뒤 차 안에서 윌은 루이자에게 말한다. "아직은 들어가고 싶지 않아요. 빨간 드레스 아가씨와 데이트한 남자로 조금만 더 있을게요." 그렇게 마음을 열기 시작한 윌은 마침내 루이자에게 마음을 의지하고 있음을 고백한다. "그거 알아요? 아침에 눈을 뜨고 싶은 유일한 이유가 당신이란 걸."

영화는 마음을 열고 가까워지는 두 사람 사이의 로맨스를 아름답게 그리고 있다. 하지만 〈미 비포 유〉는 신파조의 로맨스물은 아니다. 후반부 들어서면서 영화의 초점은 윌의 존엄사와 그것을 통해 생각할 수 있는 삶의 의미에 맞추어져 있다. 윌은 안락사가 허용된 스위스에 가서 죽겠다고 이미 부모에게 선언한 상태. 루이자를 만나 사랑이 싹텄음에도 불구하고 그는 자신의 결정을 바꾸지 않는다.

"이렇게 사는 것도 괜찮을 수 있겠죠. 하지만 내 인생은 아니에요. 난 내 인생을 사랑했어요. 진심으로요."

윌은 사고 이전의 삶만이 자신의 인생이었다고

생각하기에 이별을 준비한다. 루이자는 "내가 당신의 마음을 돌리고 있는 줄 알았어요"라며 그를 만류한다. 하지만 그 무엇도 그의 마음을 바꿀 수 없다는 대답을 듣는다. 결국 루이자도 윌의 결정을 받아들이게 된다. 루이자는 "내 곁에서 그냥 살아주면 안 되나요? 내가 당신을 행복하게 해줄게요"라고 마지막 부탁을 하지만, 윌의 결심을 되돌려놓을 수는 없었다. 윌은 스스로 죽기 위해 스위스로 떠난다.

영화의 마지막에 루이자는 생전에 윌이 쓴 편지를 읽는다. 윌은 루이자의 새출발을 위해 은행계좌에 돈을 넣어놓았다고 알려준다. 그리고는 안주하지 않는 삶을 주문한다.

"그래도 자유는 줄 수 있을 거예요. 우리가 고향이라고 부르는 작은 마을을 떠나 자유롭게 대담하게 살아요, 클라크. 끝까지 밀어붙여요. 안주하지 말아요. 줄무늬 스타킹을 당당히 입어요. 아직 기회가 있다는 건 감사한 일이에요. 그 기회를 줄 수 있어서 내 마음도 좀 편해졌어요. 이게 끝이에요."

이것이 사랑하는 루이자의 만류를 뿌리치고 존 엄사를 택한 윌이 그녀를 위해 할 수 있었던 마지막 사랑이었다. 윌 자신은 스스로의 선택으로 세상을 떠나지만, 루이자는 자신이 못다 한 삶을 꽃피우기를 바랐다.

윌의 존엄사 선택을 어떻게 받아들일 것인가는 사실 논쟁적인 문제다. 사지가 마비되기는 했지만 그래도 윌에게는 많은 재산, 사랑하는 부모와 루이자가 있었다. 고통스럽겠지만 마음먹기에 따라서는 그래도 살아갈 만한 의미를 찾을 수 있을 것이다. 하지만 윌은 더 이상의 삶은 아무런 의미가 없다고 판단한다. 사고 나기 이전의 건강했던 몸과 화려한 삶만이 자신이 살아갈 수 있는 버팀목이었다.

윌의 존엄사는 자칫 다른 지체 장애인들에게 절망적인 메시지로 전해질 수도 있다. 윌보다 훨씬 어려운 형편에 처한 장애인들이 많고도 많다. 그들에게도 월과 같이 삶에 대한 회의가 따를 것이다. 그러나 몸을 마음대로 움직일 수 없는 처지가 되었다고 해서 모두가 죽음을 택하지는 않는다. 인간은 어떤 상황에서도 견디며 살아갈 새로운 이유를 스스로 만들어낸다. 그래서 생각보다 끈질긴 것이 인간의 목숨이기도 하다. 혹여 신체가 불편한 이들이 영화를 보고 어떤 감성에 빠지게 될까 조심스럽다.

물론 인생에는 정답이 없다. 영화는 보편적으로 옳은 메시지를 던지는 교과서가 아니다. 그 많은 재산도, 부모도, 사랑조차도 자신이 이전에 살았던 인생으로 돌아가게 해줄 수는 없는 것이고, 그것이 자신의 삶이 아니라고 생각한다면, 그 또한 윌의 선택이다. 윌 본인이 되지 않고서는 누구도 그의 내면에 있는 고통의 무게를 평가할 수 없다. 나는 해피엔딩의 길을 마다하고 새드엔딩을 택한 윌을 염려했지만, 그렇다고 비난할 수는 없었다.

윌이 자신의 처지를 비관해서 존엄사를 택했다

고 해서 그가 삶의 의미를 소홀히 여긴 것은 아닐 게다. 생전에 윌은 루이자에게 이렇게 말한다.

"인생은 한 번이에요. 최대한 열심히 사는 게 삶에 대한 의무예요."

어쩌면 윌에게는 존엄사를 택하는 것이 열심히 사는 한 방법이었는도 모른다. 루이자는 윌이 보낸 마지막 편지를 패션 디자이너가 되고 싶었던 곳 파리에서 읽고 있었다. 그래서 윌의 선택은 참담한 절망이 아니라 아름다운 여운을 남겨준다. 윌은 죽었지만 루이자에게 새 삶을 열어주었다. 영화는 루이자와 윌의 사별을 아름답게 그리고 있다. 슬프지만 아름다운 이 영화가 많은 관객의 호응을 얻은 이유일 것이다.

그런데 사랑하는 사람과의 사별이 과연 아름다울 수 있을까. 슬픔과 아름다움이 공존 가능한 것일까. 사랑하는 이의 죽음은 누가 뭐래도 슬프다. 나는 그렇게 생각한다. 아니, 그렇게 느낀다.

영화 <아무르>가 남긴 질문

내가 사랑하는 사람이 지금 병에 걸려 죽어가고 있다. 도대체 어떻게 할 것인가. 아무런 희망이 없는 그를 곁에서 돌보는 것이 얼마나 고통스러운 일인가는 겪어본 사람만이 알 것이다. 지금은 비록 몸이 아프고 쇠약해져 있더라도 시간이 지나면 나아질 것이라는 희망이 있다면 함께 용기를 낼 수 있다. 하지만 아무리 애써도 병이 악화되는 상황을 막을 수가 없다면,

그래서 결국에는 예정된 죽음을 지켜볼 수밖에 없다면 그 간병은 서로에게 잔인한 시간이 되고 만다. 그때 사랑의 깊이와 고통은 정비례한다.

고통이란 그런 것이다. 이 고통이 지나갈 것이라는 희망을 품을 수 있다면, 그 고통은 의미를 찾을 수 있고, 따라서 견딜 만한 가치가 있다. 그러나 아무런 희망을 가질 수 없을 때 그 고통을 견디기는 매우 힘든 일이다. 미카엘 하네케 감독의 〈아무르〉는 노년 부부의 바로 그 고통을 담고 있는 슬픈 영화다.

음악가 출신의 다정한 부부 조르주와 안느는 행복한 일상을 보내며 살고 있다. 어느 날 부인 안느가 마비 증세로 병원에 입원하면서 부부의 운명은 하루아침에 달라지고 만다. 경동맥이 막혔다는 진단을 받은 안느는 몸의 오른쪽이 마비된다. 병원에서 돌아온 안느는 자신을 다시는 병원에 보내지 말아달라고 남편 조르주에게 부탁한다.

"하나만 약속해줘. 다시는 병원에 보내지 않을 거

지?"

자신의 달라진 모습을 다른 사람들에게 보이고 싶지 않았던 안느로서는 그것이 자존을 지키기 위한 선택이었다.

조르주는 안느의 부탁을 받아들여 집에서 간병을 도맡는다. 간호사가 정해진 시간에 집으로 오긴 하지만, 간병 일은 간단하지 않았다. 조르주는 화장실에서 안느를 거들어주고, 걸을 수 없는 그녀의 발이 되어준다. 조르주는 사랑하는 아내를 위해 극진하게 간병을 한다. 하지만 안느는 병이 악화될 일만 남은 것을 알고 있기에 남편을 고생시키는 상황이 부담스러웠다.

안느: 계속 살아야 할 이유를 모르겠어. 앞으로 더 힘들어질 게 뻔하잖아. 왜 우리가 같이 힘들어야 해. 당신과 나.

조르주: 난 안 힘들어.

안느: 애써 거짓말 안 해도 돼.

조르주: 내 입장에서 생각해봐. 나도 그런 일을 겪을 수 있단 생각 안 해?

안느: 당연히 생각해봤어. 하지만 생각과 현실은 다르잖아.

조르주: 매일 나아지고 있잖아.

안느: 난 싫어. 나 때문에 당신이 애쓰는 거 알아. 하지만 더는 싫어. 당신이 아니라 날 위해서.

안느는 의미 없는 삶을 살고 싶지 않다고 말한다. 사는 것이 아니라 죽는 것이 자신의 존엄을 지키는 길이라고 생각한 것이다. 그러나 조르주는 사랑하는 아내의 요청일지라도 받아들이지 않고 집에서 간병을 계속한다.

정성을 다하는 조르주의 노력에도 불구하고 안느의 상태는 계속 악화된다. 안느는 이제 기억도, 의식도 희미해진다. 조르주의 말도 듣지 않고 제멋대로 행동하기 일쑤다. 긴 간병에 장사 없다고, 점점 지쳐 가던 조르주는 물 마시기를 거부하는 안느에게 화가 나서 그녀의 뺨을 때리고 만다. 조르주가 안느를 때린 것은 더 이상 감당하기 어려운 상황을 맞고 있음을 뜻한다.

가장 괴롭고 두려운 사람은 조르주였을지 모른다. 그렇게도 사랑하던 아내를 때리다니. 조르주는 넋이 나간 모습이었다. 안느만이 아니라 조르주도 자존이 무너진 것이다. 결국 조르주는 사랑하는 안느를 죽이기로 결심하고 베개를 눌러 숨이 끊어지도록 만든다.

미카엘 하네케 감독은 조르주의 행동에 대한 아무런 윤리적 판단을 하지 않은 채 끝을 맺는다. 그 판단은 관객의 몫으로 남는다. 〈아무르〉는 조르주의 행동에 대해 두 가지 질문을 남긴다.

하나, 조르주가 안느의 요청대로 아내를 병원에 다시 보내지 않고 간병하다가 지쳐버린 것은 잘한 일인가. 딸은 엄마를 입원시키지 않고 간병하느라 힘들어하는 아빠를 이해하기 어렵다고 여러 번 말한다. 그때 조르주는 "너만 엄마를 생각하는 게 아니야"라며 짜증스러운 반응을 보인다. 조르주가 안느를 병원에 보내지 않고 집에서 직접 돌본 이유는 안느의 부탁에 실린 뜻을 누구보다 잘 알았기 때문일 것이다. 병원에 입원해 있으면 일시적으로 고통을 완화하는 치료도 가능할 것이고, 간병도 덜 힘들었을 것이다. 하지만 안느의 부탁을 들어주는 것이 아내가 마지막 존엄을 지키게 해주는 길임을 조르주는 알고 있었다.

둘, 조르주가 안느를 죽인 행동에 대한 윤리적 판단이다. 조르주의 행동을 우리는 어떻게 받아들여야 할까. 사랑하기에 죽인다는 위험천만한 말이 성립할 수 있는가. 더 이상 출구를 찾을 수 없었던 조르주는 사랑이 무너지고 부부의 자존이 훼손되는 것을 막기 위해 그 같은 극단적 선택을 했을 것이다. 서로가 이 고통을 감내하면서 죽음의 순간을 기다리느니, 자신의 손으로 사랑하는 안느를 죽이는 것이 무엇보다 그녀를 위한 선택이라 생각했을 것이다. 나는 이를 '존엄적 타살'이라고 이름 붙이고 싶다. 하지만 존엄을 지켜주기 위한 타살이라 하더라도 죽음을 택하겠다는 당사자의 의사가 확인되지 않는 한, 현실 세계에서는 받아들여지기 어렵다.

영화를 보면서 나라면 어떻게 했을까를 생각했다. 조르주와 안느의 얘기는 멀리 있는 것이 아니라 누구에게나 언제든지 '나'의 얘기가 될 수 있음을 알고 있기 때문이다.

긴 세월을 살아온 부부의 정이 얼마나 깊은지, 그들 아닌 누구도 알지 못한다. 안느를 죽인 조르주의 행동이 그로서는 최상의 사랑이었을지도 모른다. 사랑의 표현은 사람마다 다르다. 하지만 내가 조르주였다면 안느를 조금이라도 더 볼 수 있기를 원했을 것이다. 그렇게 떠나고 나면 안느를 더 이상 볼 수도, 만질수도 없지 않은가. 그래서 나는 안느를 보내는 데 서

두르지 않았을 것이다. 누구나 조르주가 될 수 있다. 그러나 누구나 조르주가 되어서는 안 된다.

죽음을 향한 고통이 사랑을 덮쳤을 때도 부부의 사랑은 흔들리지 않고 의연할 수 있을까. 어떤 고통 앞에서도 지치지 않는 사랑은 급조되지 않는다. 그렇게 끈질긴 사랑이 가능하다면 그런 사랑은 어떻게 만들어질 수 있는 걸까. 안느를 죽인 조르주를 이해는 하지만 동의할 수는 없다면, 그 질문에 대한 답은 우리의 몫이다.

가장 소중한 것은 일상을 살아가는 일

이렇게 책을 써내니까 다 나은 사람 같다는 말을 들을 지 모르겠다. 솔직히 말하면 나는 아직 환자다. 아직 여러 가지로 불편하고 고통스럽다. 정상적인 생활을 할 수 있을 정도로 회복되려면 아직도 더 긴 시간이 필요하다. 재활의 과정은 어느덧 시간과의 싸움이 되고 있다. 시작은 병과의 싸움이었지만, 이제는 나와의 싸움이 되었다. 수술받기 위해 입원했던 때가 겨울이었고 세 번의 계절이 바뀌어 어느덧 가을이 되었다.

인간은 고통의 의미를 발견할 수 있을 때 아무리 힘들어도 고통을 견뎌낼 수 있다. 반대로 고통으로부터 아무런 의미도 찾을 수 없을 때 속절없이 절망의 나락으로 떨어지고 만다. 느닷없이 들이닥친 병마가 내 의지로 피할 도리가 없는 것이었다면 고통 속에서도 의미를 찾으려 했다. 비록 여러 후유증에 시달리고 있지만, 다시 한 번 살게 되었다는 것. 그것이 내가 찾은 의미였다. 그것보다 더 큰 의미가 어디 있겠는가.

어떻게 해서 살아남은 목숨이던가. 그나마 이 정도로 몸을 추스르기까지 긴 인내와 수많은 각오가 있었다. 아내는 남편을 살려내어 반드시 다시 일어나게 만들겠다고 눈물겨운 헌신을 보여주었다. 그 절박했던 시간을 거쳐 이렇게 책을 쓰고 있다. 정말 귀하게 얻은 두 번째 삶이다. 그렇다면 살아남은 값을 해야 하지 않을까.

하지만 다시 얻은 삶을 세상을 위해 살겠다, 그런 거창한 생각을 하고 있는 것은 아니다. 나에게 가장 소중한 것은 건강을 회복하고 일상을 살아가는 일이다. 그 어떤 거창한 의미도 일상을 살아가는 것에 우선할 수는 없다. 모든 것은 먼 곳이 아니라 내가 있는 자리로부터 시작된다. 나는 이제 본래 내가 살고 싶어 했던 삶을 살 것이다. 나만의 색깔이 도는 내 얼굴을 갖고.

우리는 흔히 모방하는 삶을 살아간다. 영웅을 모방하고, 성공한 사람을 모방하고, 동료들을 모방한다. 가치도, 생각도, 살아가는 방식까지도, 사회는 그들의 삶을 따라 살라고 가르쳐왔다. 하지만 그것은 나의 삶이 아니다. 어떤 삶을 살아야 한다는 의무감에 좌우되는 것이 아니라, 나 자신이 진정으로 원하는 삶을 살아가는 것이 나의 삶이다.

나의 색깔이 아닌 다른 사람들의 색깔을 따르다 보면 모두가 동질화되어 버리고 만다. 생각해보면 그것처럼 무미건조한 삶도 없다. 그래서 보리스 파스테르나크는 이렇게 썼다.

"어떤 사람이 기대했던 모습과 다르고 미리부터 갖고 있던 관념과 어긋나는 건 좋은 일이죠. 하나의 유형에 속한다는 것은 그 인간의 종말이자 선고를 의미하니까." (보리스 파스테르나크, 『닥터 지바고』)

나는 병마가 안겨준 여러 상흔을 내 것으로 받아들이고 다시 시작하고 있다. 지금 내가 생각하는 것은 종말이 아닌 새로운 시작이다. 투병살이와 인생살이는 분리되지 않는 하나의 것이었다. 인간은 생각보다 끈질기다. 투병을 잘하고 있으니 남은 인생도 잘 살아낼 것이다. 이 책을 읽은 분들과 함께 잘 살아내고 싶다.